내 안의 골프 本能

내 안의 골프 本能

초판 1쇄 인쇄 2005년 9월 15일 | **5쇄** 발행 2012년 7월 17일
펴낸이 임용훈 | **펴낸곳** 예문당
저자 김헌

아트디렉션 권오윤 | **디자인** 김소정 | **사진** 박해욱, 전유일
정보그래픽 정태호 | **일러스트레이션** 박세연

인쇄 (주)미성아트 | **표지인쇄** (주)예일정판 | **제책** 선명제본
마케팅 양총희, 오미경
주소 130-800 서울 동대문구 답십리2동 16-4호
전화 (02)2243-4333 · 4334 | **Fax** (02)2243-4335 | **E-mail** master@yemundang.com
블로그 www.yemundang.com
등록 1978년 1월 3일 제5-43호

본사는 출판물 윤리강령을 준수합니다.

내 안의 골프 本能

김 헌

예문당

스윙은 변한다. 전날 술을 한 잔 해도,

바람 부는 날 라운드를 하고 와도, 부부싸움을 하거나

친구와 말다툼을 해도 변하는 게 스윙이다.

그렇게 변하는 것을 고정되어 있는 것처럼 생각하니

배우는 쪽도 가르치는 쪽도 지친다.

세상 일이 마음먹기에 달렸다면 절대 딴마음을 먹어서는 안 된다. 그저 휘두르고 지나가면 될 것을 똑바로 보내려고, 멀리 보내려고, 멋있게 보내려고, 잘 보내려고 하는 것이 모두 딴마음을 먹는 것이고 그래서 스윙이 어려워진다.

골프는 생활이다. 싱글플레이어가 되고 싶으면

싱글플레이어들이 하는 생활을 그대로 따라하면 된다.

 프로가 되고 싶으면 가장 모범적인 프로의

생활을 따라하면 된다. 스코어가 좋던 사람도

생활 패턴이 달라지면 금세 무너져 내린다.

글을 시작하며 18

1. 모든 스윙연습의 시작 26

1. 골프는 한 팔로 하는 운동이다 32
    오.른.팔.하.나.로.채.찍.휘.두.르.기

2. 농구공 던지기 36
    두.팔.과.몸.의.올.바.른.조.화

3. 함정들 40
    스.윙.과.공.의.만.남

4. 스윙은 왈츠다 46
    스.윙.연.습.의.리.듬.과.이.미.지

2. 공과의 바른 만남 56

1. 공이 놓여야 할 자리 60

2. 몸의 모양 64
   효.과.적.으.로.휘.두.를.수.있.는.자.세

3. 스윙은 하나다 66
   드.라.이.버.도.아.이.언.도.페.어.웨.이.우.드.도.
   스.윙.은.한.가.지.다

4. 그립 70
   젓.가.락.질.못.한.다.고.밥.못.먹.지.않.는.다

3. 골프의 다양한 과목들 80

1. 풀 스윙과 쇼트게임 스윙의 본질적인 차이 88

2. 쇼트게임 스윙의 종류 93
   높.게.던.지.기.그.냥.던.지.기.
   낮.게.던.져.굴.리.기.의.차.이

3. 쇼트게임 스윙들의 공통점과 차이점 96
   그.린.주.변.의.복.잡.한.환.경.에.대.처.할.
   다.양.한.무.기.들

4. 퍼팅에 대하여 100
   퍼.팅.은.굴.리.기.다

5. 벙커 샷에 대하여 106
   헤.드.스.피.드.로.거.리.를.조.절.한.다

4. 좋은 연습 습관 114

1. 잘 안 맞는 공은 절대 치면 안 된다 118
   몸.은.많.은.연.습.량.만.기.억.한.다

2. 집중력을 위한 연습 120
   몰.입.하.는.즐.거.움

3. 목표를 향한 연습 124
   살.아.있.는.공.과.죽.은.공

4. 리듬을 안정시키는 연습 129
   소.리.로.스.윙.을.통.제.한.다

5. 상상력 연습 131
   결.국.스.윙.을.통.제.할.수.있.는.것.은.
   상.상.력.이.다

6. 힘 자랑은 이제 그만! 134
   힘.으.로.안.되.는.일.도.있.다

7. 자기 샷의 루틴 만들기 136
   종.교.적.의.식.과.절.차.만.들.기

8. 연습편식 140
   싱.글.로.가.는.길.을.막.고.있.는.최.대.의.적

9. 자기 실력을 평가하는 연습 142
   자.신.에.게.거.는.
   기.대.의.수.준.정.하.기

5. 결국 스코어는 생활이다 150

1. 항상 싱글과 한때 싱글 154
   한.국.에.진.짜.보.기.플.레.이.어.는.
   1 0.퍼.센.트.밖.에.없.다

2. 골프는 마음이다 156
   박.찬.호.도.소.렌.스.탐.도.명.상.을.한.다

3. 마음의 병 158
   칭.찬.을.하.면.고.래.도.춤.을.춘.단.다

4. 게임으로서 골프를 하자 166
   지.피.지.기

5. 자신의 홈 코스를 만들자 176

6. 골프 다이어리 178

7. 타이거 우즈가 한국에서 골프를 친다면 182

8. 골프에 필요한 몸 상태 186

9. 식생활 192

글을 맺으며 198

골프에 도움이 되는 책들 204

이 책에 나오는 골프 용어 213

내 안의 골프 本能

'내 안의 골프본능' 4쇄에 붙여

책이 나온 지 벌써 5년이 됩니다. 'HOW2GOLF' 라는 옛 골프 사업을 마무리한다는 뜻으로 출판한 책이 '마음골프학교' 라는 새로운 골프 사업의 출발점이 되었습니다.

그 사이 많은 일이 있었습니다. '본능골프' 라는 필명으로 칼럼도 여기저기 쓰고, '마음골프학교' 를 설립해서 청담동과 대치동을 거치면서 1,000명에 육박하는 졸업생을 배출했고, 3년 동안 매일 써온 편지글을 모아 '필드에서 배우는 자기수양의 지혜, 마음골프 (위즈덤 하우스)' 라는 명상집을 출판하기도 했습니다.

그 모든 일의 시작은 '내 안의 골프본능' 이라는 한 권의 책이었습니다.

골프가 전혀 새롭게 배워야 하는 운동이 아니라 우리 모두에게 골프와 유사한 운동경험이 많고 그래서 우리들 몸 속에 골프에 필요한 운동정보가 다 녹아있다. 그러니 우리는 그것을 발굴해 내기만 하면 된다는 의미로 '내 안의 골프 본능' 이라는 제목을 썼던 것인데 세월이 훌쩍 지나고 보니 '내 안의 골프사업과 비전에 대한 본능' 이 있었던 것은 아닌가 싶어 쓴웃음을 짓게 됩니다.

'골프, 별거 아냐!'
'우리가 프로 되려는 게 아니잖아?' 와 같은 전통적인(?) 접근법에 대한 비판적 접근이나 '스윙을 그렇게 어렵게 배워서는 안돼!' '기술이 문제냐 마음이 문제지!' 라는 식의 친구들과의 술자리 담화가 발전해서, 하나의 관점이 되고, 교육방법론이 되고, 결국 교육사업으로까지 발전해서 많은 사람을 교육하게 된 전개과정을 되짚어보면 하나의 불씨가 대지를 태운다거나, 잔잔한 호수에 던져진 작은 돌멩이 하나가 일으킨 파장이 끝없이 퍼져가는 모습을 보는 듯하여 한편으론 고맙고 한편으로는 두렵습니다.

'내 안의 골프본능' 은 여전히 마음골프학교의 교제면서 기본적인 이론적 틀입니다.
다만 이 책을 썼을 당시는 프로들이 가르치는 것을 옆에서 보면서 저렇게 가르치면 안 된다는 생각을 했던 것이고, 실제 직접 가르쳐본 경험의 절대량은 그다지 많지 않았이었습니다.
그 후로 현장에서 직접 사람들을 가르치다 보니 좀 더 단순화 하고 실천적으로 바꾸고 싶은 부분이 없지 않았습니다만 아직 임상실험의 양이 증보판을 낼 만큼은 아니라는 생각이고 더 많은 담금질 과정을 거쳐 2년 후쯤에나 대대적인 개편 작업을 하는 것이 옳지 않을까 하는 생각입니다.
아쉽지만 이번에는 표지를 새롭게 단장하고 세월로 인해 퇴색한 내용만을 보완해서 출판하고 완결판을 내는 것은 필생의 숙제로 남겨놓으렵니다.

입문자들에게 골프를 쉽고 재미있고 단순하게 접근하는 하나의 길안내가 되었으면 하는 바램 여전하고, 강호의 고수들께는 골프를 바라보는 관점과 교육방법론에 관한 조촐한 토론거리라도 되었으면 합니다. 골프와 더불어 행복하십시오. ^^

2010 호랑이 해 벽두
마음골프학교에서
김헌

글을 시작하며

이 책은 하우투골프 서초점, 압구정점, 풍납점 등 실내연습장에서 총인원 500명 이상의 아마추어와 십수 명의 프로들을 레슨한 결과를 가지고 정리한 내용이다. 기존 레슨에 대한 골퍼들의 불만에 공감하는 10여 명의 프로 골퍼들과 여러 명의 골프 관계자들이 모여 머리를 맞대고 의견을 모으고 토론한 결과이기도 하다.

골프에 관한 여러 종류의 책이 있지만 우리나라 레슨 현장에서 벌어지는 프로와 아마추어의 여러 가지 모습을 기록한 책은 별로 없다. 프로들의 오류와 반성, 아마추어들의 괴로움을 가능한 한 거르지 않고 양자의 입장을 객관적으로 바라보려고 한 최초의 현장 보고서일지도 모르겠다. 그래서 이 책은 완성된 이론적 주장이라기보다 기존의 레슨에 대한 문제제기 정도로 봐주었으면 좋겠다.

이 글을 최종적으로 정리하고 있는 나는 프로골퍼가 아니다. 온라인 상에서 골프레슨을 해보고자 하우투골프라는 벤처회사를 설립해 운영하고 장래성 있는 주니어 선수를 발굴하고 육성해 보고자 주니어 골프스쿨을 운영하고 실내연습장의 프랜차이즈화를 위해 뛰어다녔던 것이 인연이 되어 '쉽고 재미있게 골프를 가르칠 수는 없을까? 어떻게 하면 골퍼들이 연습 과정 자체를 즐길 수 있을까?' 하는 논의의 중심에 서게 되었다. 그리고 논의 과정에서 실험적인 레슨도 직접 해보게 되고 프로들과 함께 배우는 사람의 어려움과 가르치는 사람의 시행착오를 직접 경험하게 된 것이 이 글을 마지막으로 정리하는 역할을 맡는 계기가 되었다.

많은 골퍼들이 골프스윙이 어렵다고 하는데 우리가 가르쳐 보면 대부분의 사람들이 골프스윙이 이렇게 쉬운 줄 몰랐다며 재미있어 한다. 또 많은 시간이 경과하지 않아도 실질적인 스코어의 향상을 경험한다. 처음 골프를 배울 때 몇 달이 지나야 필드에 나가는 것이 정설로 되어 있지만 가르쳐 보면 일주일 만에 필드에 나가는 사람도 있고 2주일 만에 나가는 사람도 있다. 개인의 운동능력에 따른 차이도 있고 시간과 비용을 얼마나 낼 수 있는가 하는 차이도 있다. 하지만 소위 머리를 올리는 데까지 걸리는 시간이 한 달을 넘는 경우는 거의 없었다.

왜 그런가? 우리는 레슨을 하면 할수록 우리에게 특별한 비법이 있다거나 특별한 레슨 도구가 있어서가 아니라는 사실을 더욱 확실히 알게 되었다. 레슨은 특별할 것이 없다. 좀더 친절하게 배우는 사람의 입장에서 가르쳐야 한다고 엄청 강조하기는 했지만 그것이 골프스윙을 쉽게 배우는 핵심일 수는 없다. 오히려 골프와 골프스윙에 대한 올바른 관점과 시각의 정립이 골퍼들로 하여금 쉽고 빠르게 골프스윙을 배우도록 했다고 생각한다.

올바른 관점이란 골프스윙은 쉽다는 사실과 처음으로 혹은 새롭게 배우는 것이 아니라 내 속에 모든 골프스윙에 필요한 운동 정보들이 이미 다 있고 우리는 그것을 발견하도록 도울 뿐이라는 것이다. 골프채가 아닌 다른 작대기나 몽둥이를 휘두르는 일은 인류의 역사 이래 수천 년 동안 계속해 왔고 우리 유전자 속에 고스란히 운동 정보가 녹아 있다. 단지 이제까지 휘두르던 물건들과 모양이 좀 다르고, 가장 작은 공을 가장 멀리, 그것도 산포가 너무 크지 않게 날려 보내야 한다는 부담이 있다는 점이 다를 뿐이다.

뭔가 새로운 것을 가르치고 배워야 한다는 사실은 가르치는 사람이나 배우는 사람을 모두 어렵게 만든다. 그것이 젓가락질이든 줄넘기든 훌라후프든 탁구든 다트게임이든 운동을 가르치고 배우는 과정은 동일하다. 공통된 배움의 과정으로부터 멀어질수록 가르치고 배우기가 어려워진다. 운동학습의 기본은 모방이고 반복 훈련이다. 연구는 가르치는 사람이 해야 하는 일이고 배우는 사람은 생각이나 고민 없이 그저 반복하면서 숙달해 가고 정교해져 가면 된다. 골프를 배우는 과정이 엎어지고 자빠지면서 아무 생각 없이 배우는 자전거 타기 과정과 다르다면 잘못된 것이고, 골프가 그립의 모양이나 백 스윙의 모양을 생각하지 않고 휘둘러대면서 배우는 배드민턴보다 어렵다면 뭔가 잘못돼도 단단히 잘못된 것이다. 골프공은 정지해 있지 않은가?

골프레슨은 그러한 일반적인 운동학습 과정으로부터 너무 멀어져 있다. 일차적인 책임은 가르치는 사람들이 교육 면에서 비전문성가라는 데 있지만 배우는 사람들에게도 문제가 없는 것은 아니다. 소위 레슨을 담당하는 프로라고 하면 현재의 실력을 연마할 때 최소한 하루에 네 시간씩 일년 이상 공을 친 사람일 것이다. 그 이상이면 이상이지 이하일 수는 없다. 그것도 지금 골프를 배우는 사람들보다 훨씬 젊은 나이에.

골프를 가르치는 프로는 아마추어의 연습이 과정과 목표에서 프로들과 판이하게 다르다는 점을 간과하고 있다(프로가 되기 위한 과정에서도 시간 투자에 비해 대단히 비효율적인 연습을 하고 있는 것이 현실이지만). 골프를 배우려는 사람들이 대부분 전문적으로 골프를 치려는 사람들처럼 시간이 넉넉하지 않을 뿐더러 목표가 이븐 파 혹은 그 이상을 치는 것이 아니다. 하루에 한두 시간씩 할애해서 일년 내에 보기플레이 정도를 하게 되면 좋겠다고 생각하는 사람들에게 프로가 되는 과정을 설정해 놓고 가르치는 쪽이나 배우는 쪽 모두 고생을 하고 있다.

골프를 배우러 오는 사람들이 대부분 골프와 스윙에 대해 여러 가지 잘못된 편견을 가지고 있다는 점도 간과해서는 안 된다. 멋지게 치려는 생각에 지레 어렵다고 겁을 먹는 경우, '일단 날리고 봐야지' 라는 생각으로 오는 아저씨들, '뭐 배울 것이나 있나. 빨리 필드에 나가야 되는데 비법이 없나' 등등 이 사회가 주는 혹은 주변 사람들로부터 전염된 골프에 대한 오해로 가득한 사람들이 골프를 배우려 한다.

이 책은 스윙이 너무나 쉽고 골프가 지나칠 정도로 어려운 스포츠라는 한마디를 여러 가지 관점에서 길게 설명하고 있다. 골프는 양궁에 가까운 스포츠다. 활을 당기는 동작이 어려워 양궁이 어려운 것은 아니지 않은가? 실력이 향상될수록 더 작은 과녁을 맞혀야 하고 더 많은 연습이 필요하고 궁극에 가서는 마음의 운동이 되어버려 어렵다. 그런 면에서 골프는 양궁이고 동양적인 스포츠고 정적이면서 여성적인 스포츠다. 드라이버를 때리는 역동성을 보면 대단히 남성적으로 보일지 몰라도 드라이버의 비거리나 방향성이 스코어에 미치는 영향은 불과 10퍼센트 내외에 불과하다.

그렇다면 나머지는 무엇인가? 그 나머지를 이 책에서 설명하고자 한다. 그토록 많은 골퍼가 목을 매고 있고 심지어 프로들조차 아직 도달하지 못한 스윙의 완성, 그 바깥에 골프의 기본과 본질이 숨어 있다는 사실을. 그래서 골프스윙은 쉬워지고 골프에 대해서는 겸손해져 결국 골프가 행복해지는 경험을 나누고자 한다. 비법이나 왕도가 따로 있을 수는 없다. 골프라고 예외는 아니다. 단지 가야 할 곳을 정확히 바라보고 가는 것이 헛된 노력과 수고를 덜어준다는 사실만은 틀림이 없다. 이 책은 프로와 아마추어를 불문하고 골퍼가 바라보고 가야 할 목표가 무엇인지 이야기하고자 한다.

이 책이 나오기까지 적극적으로 토론에 참여해 주었던 친구 임상식과 원형중 교수에게, 또 설익은 가설과 실험적인 레슨과정에 몸을 아끼지 않고 동참한 김훈, 김지언, 박기연, 서홍원, 이창규 이하 여러 프로에게, 리듬코치를 만들고 시험하는 데 도움을 준 김정아 음악 선생님, 그리고 원고 정리에서 책 출판까지 전 과정에 든든한 지원자가 되어준 친구 유춘근과 유미란 점장에게 지면을 빌려 감사의 마음을 담는다.

2005년 봄
바람들이 마을에서
대표집필 김헌

내 안의 골프 本能

1 모든 스윙 연습의 시작

골프 연습은 몸이 알고 있는
'휘두르는 본능'을 불러오는 것부터
시작해야 한다.

들어가기

처음 골프를 배우기 시작하는 사람에게 셋업 자세를 가르치고 그립을 알려주고는 바로 똑딱볼을 치게 한다. 처음 해보는 운동이라 안 그래도 긴장하고 있는데 어색하기 그지없는 요상한 자세로 온몸에 힘을 주고 손목은 뻣뻣하게 하고서 똑딱똑딱 공을 치라고 한다. 골프 중계 장면에서는 한 번도 본 적이 없는 모습이다. 어떤 목적의 연습인지 언제 써먹을 연습인지 도무지 알 수가 없다. 소위 골프의 기초를 배운답시고 온몸에 힘주기를 몇 달간 익히고 있으니 **힘 빼기 3년** 이라는 골퍼의 속담이 맞기는 맞는 모양이다.

우리는 골프 클럽으로 공 맞히기보다 더 어려운 자치기 구슬치기를 아무런 어려움 없이 배우고 즐겼다. 주변 골퍼들의 이야기를 들어보면 레슨도 받지 않고 바로 필드에 나가 몇 개월 동안 연습한 사람보다 잘 치고 왔다든가 독학골프를 예찬하는 사람을 간혹 볼 수 있다. 이 글을 정리하고 있는 나 자신도 레슨을 전혀 받지 않고 일주일 동안 집에서 빈 스윙하고 하루 정도 연습장 가서 실제 공을 쳐보고는 바로 필드로 나갔다. 그러고도 골프 신동 났다는 소리를 들었다.

친구에게 골프 클럽을 선물 받고 바로 필드에 나가 클럽의 비닐커버를 벗겨가면서 쳐도 파를 세 개나 잡으며 100타 정도를 치고 왔다는 선배는 본격적으로 레슨을 받기 시작하면서 다시 120타부터 시작하게 되었다고도 한다. 똑딱볼 연습의 탁월한 효과다. 몸이 이미 알고 있는, 뭔가를 휘둘러 맞히는 운동능력을 완전히 죽이는 연습이다. 골프를 처음 배우는 사람이든 유경험자든 모든 골프스윙 연습은 휘두르기부터 시작해야 한다. **골프 연습은 몸이 알고 있는 휘두르는 본능을 불러오는 것부터 시작해야 한다**.

휘두르고 또 휘둘러서 그 휘두름으로 인해 생긴 스윙궤도가 일정한 하나의 면을 그릴 때까지 휘둘러야 한다. 휘두르면서 생긴 하나의 깔끔한 면을 공에 가만히 가져다 대기만 하면 공은 저절로 날아가게 되어 있다. 돌아가는 그라인더에 갈아야 할 물체를 가져다 대듯, 잘라야 할 나무에 전기톱을 가만히 가져다 대듯, 스윙은 그렇게 공과 만나게 된다. 휘두름으로 인해 생긴 회전평면과 공이 만나면 굴러가는 자동차 바퀴에 돌멩이가 튕겨 나가듯 공은 그 자리에 있다가 재수 없이 맞아서 날아간다. 그것이 골프 스윙이다.

우리가 사용하는 언어는 운동정보를 담고 있다. 음식을 퍼먹는다고 하면 그 모습을 어렵잖게 상상할 수 있다. 기어간다고 하더라고 '살살 긴다'와 '박박 긴다'의 차이를 금방 알 수 있다. 글로 풀어 설명하려면 한 페이지 이상 써야 할 운동적인 차이를 직관적으로 이해한다. 프로들은 레슨을 하면서 일상적으로 공을 **때려라, 패라, 쳐라, 찍어라, 쓸어 쳐라** 같은 말을 많이 한다. 이 각각의 말 속에는 고유한 운동정보들이 있고, 그 운동정보들이 고스란히 우리의 몸을 지배하게 된다. **말은 마음먹은 것을 반영하고 결국 말이 함축하고 있는 운동정보가 우리의 몸을 통제한다.**

뭔가를 치거나 때리기를 반복한다는 말 속에는 손과 팔을 어떤 지점에서 잠깐 멈추라는 정보가 들어 있다. 그래서 팔로우 동작이 작아질 수밖에 없다. 골프는 지상에서 가장 작은 공을 멀리 보내야 하는 운동이어서 대단한 헤드스피드를 필요로 하고, 그러려면 손과 팔에서 클럽헤드의 스피드를 늦추는 어떤 멈춤 동작도 해서는 안 된다. 그래서 골프는 스윙이지 히팅이나 배팅이 아니다. 그야말로 스윙! 그저 휘두르는 것이다. 어떤 멈춤도 없이 휘두르고 지나가야 최대한의 헤드스피드를 확보하게 된다.

직접 몸을 움직여 봐야 느낄 수 있다. 이것조차도 책을 통해 개념으로만 이해하려고 들면 이 책을 이해하기가 너무 어려울 것이다. 일어나서 뭔가를 때려도 보고 파리채를 휘둘러 보기도 하고 뭔가 여러 가지 마음을 먹고 몸을 움직여 보라.

1+1

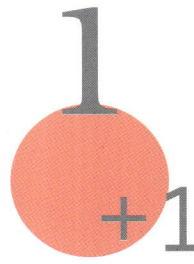

골프는 한 팔로 하는 운동이다

오.른.팔.하.나.로.채.찍.휘.두.르.기

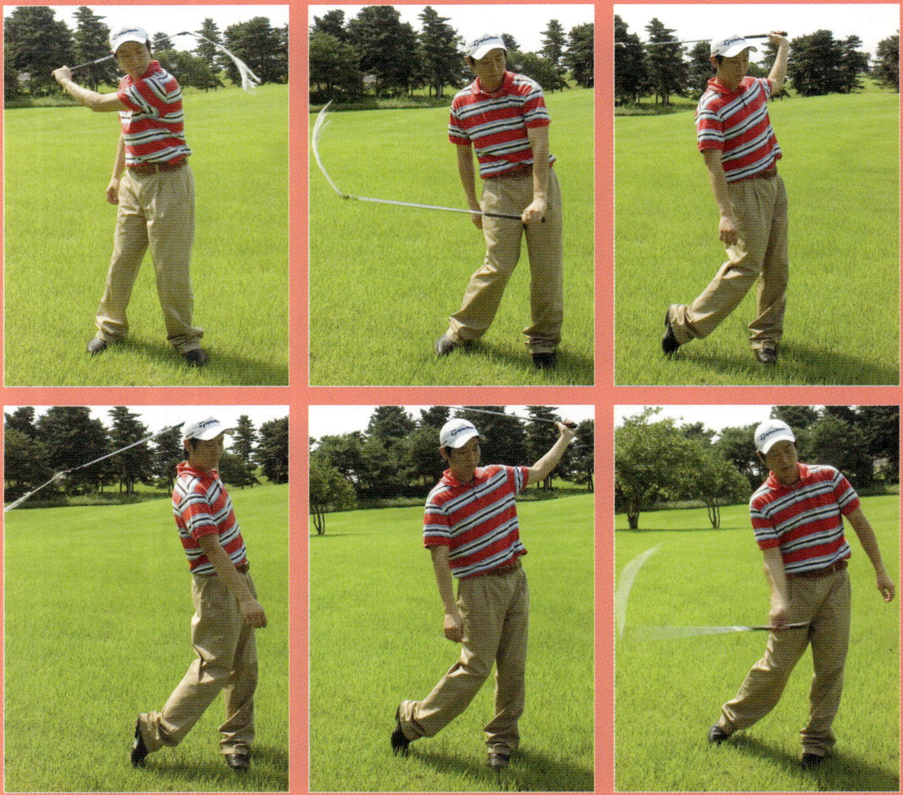

우리의 일상생활을 보면 무거운 물건을 들 때나 무거운 문을 밀 때 외에는 두 팔을 동시에 사용하는 경우가 거의 없다. 두 팔을 동시에 쓰는 것이 더욱 정확하다면 미국 프로농구 선수들이 대부분 두 팔로 슛을 해야 한다. 두 팔로 하는 것이 더 큰 스피드와 힘을 낸다면 모든 야구 선수들이 두 팔로 공을 던져야 하지 않겠는가?

팔을 이용하는 스포츠라면 주된 역할을 하는 팔과 보조 역할을 하는 팔이 있게 마련이다. 골프도 예외는 아니다. 두 팔을 동시에 사용하는 것처럼 보이는 점이 골프스윙을 어렵게 하고 마음껏 휘두르지 못하도록 하는 원인이기도 하다. 골프를 가르치는 많은 사람이 잘못 알고 있는 부분이다.

> 채찍을 휘두르거나 팽이치기를 할 때 두 손으로 하지는 않는다. 탁구도 테니스도 농구도 마찬가지다. 우리는 한 손으로, 한 팔로 하는 운동에 익숙하다. 그러므로 골프도 한 팔로 하고 다른 한 팔은 돕는다고 이해해야 쉽다.

오른손잡이라면 오른팔이 주된 팔이고 왼팔이 보조 역할을 한다. 유전자 속에 녹아 있는 익숙한 운동을 버리고 인류 역사 이래 해보지 않은 운동을 새롭게 배우려고 하니 어렵다. 각고의 노력으로 보기 플레이어가 되었거나 싱글 골퍼가 된 사람들도 연습을 게을리 하거나 한동안 라운드를 못하면 쉽게 스윙감각을 잃어버린다. **원래 할 줄 아는 운동을 버리고 전혀 새로운 운동을 배워서 그렇다.**

> 야구를 해본 사람들에게 공을 토스해 주고 낙하하는 공을 쳐보라고 하면 10분 정도의 연습으로 10개 중 3~4개를 쳐낼 수 있게 된다. 그런 다음 바닥에 공을 놓아주면 쉽게 공을 쳐낸다. 이것으로 스윙의 80퍼센트는 완성되었다. 이제 남은 문제는 항상성을 높이기 위한 노력뿐이다.

오른손잡이인 경우 허리에서 발생한 에너지를 오른팔을 주된 루트로 하여 클럽을 거쳐 공에 전달하게 되고 왼팔은 공과 몸의 거리를 유지하고 공이 날아갈 방향을 결정해 주면서 오른팔 하나만으로 부족한 클럽과 팔의 결합을 보완해 준다. **오른팔은 에너지의 통로이고 왼팔은 겨냥하는 팔이다.**

우리는 초보자에게 처음 골프를 가르치기 시작할 때 오른팔 하나로 **채찍 휘두르기**를 먼저 시킨다. 어렸을 적에 팽이치기라도 해본 경험이 있는 사람이라면 5분 만에 휘두르기의 기본을 기억해 낸다. 아무리 몸치라 하더라도 오른팔 채찍 휘두르기를 한 시간 이상 걸려서 익히는 사람은 없다. 왼팔의 경우에는 팔을 굽히지 않도록 주의를 준다. 어느 정도 휘두르는 동작을 이해하면 채찍보다 조금 무거운 도구를 이용해 다시 한번 반복한다. 그것도 무리없이 할 수 있게 되면 다음은 골프 클럽으로 휘두르기를 시켜본다. 양팔을 반복해서 시키는 것이 중요하며, 이때 클럽 페이스가 공이 날아가는 방향을 바라보도록 하는 것 이외에 몸의 휘두르기를 방해할 어떤 제재도 가해서는 안 된다.

휘 두 르 기 속 에 숨 어 있 는 물 리 법 칙 1

모든 물체는 돌리려고 하는 외부의 힘(모멘트)에 대한 저항력을 지니고 있다.
그 크기는 물체의 질량에 비례하고 회전축과 그 물체의 질량 중심의 거리에 비례한다.
관성 모멘트(I)＝질량(m)×질량 중심으로부터 회전축까지의 거리의 제곱(r^2) 즉

$$I = m \times r^2$$

긴 클럽이 짧은 클럽보다 돌리기 어려운 이유가 여기에 있다. 골프 클럽을 쉽게 돌리려면
물체의 질량을 줄이든지 질량의 중심에서 회전축까지의 거리를 줄여야 한다.
그런데 클럽의 무게는 줄일 수 없는 노릇이고 질량 중심까지의 거리는 줄이려고 하면 줄일 수 있다.

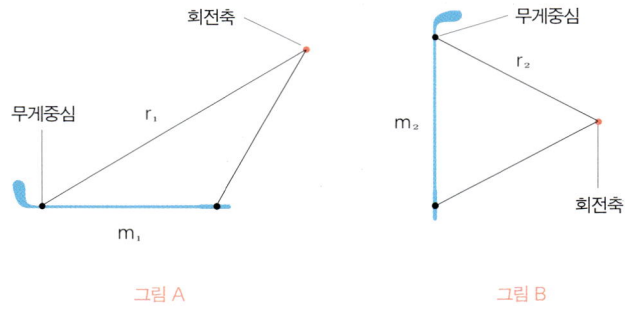

그림 A   그림 B

그림 A와 같이 코킹을 하지 않았거나 코킹이 미리 풀어진 채로 돌리려고 하면
코킹을 유지한 채 움직이는 그림 B보다 회전축과의 거리가 약 2배 이상 길어져
관성모멘트가 4배 이상 커진다. 이는 특정 위치에서 같은 회전속도를 내기 위해서는
A가 B보다 4배 이상의 근력이 필요하다는 의미다.
물체를 때리려는 동작은 결국 A와 같은 모양의 스윙을 만들어내고 휘두르는 동작은
코킹을 잘 유지한 채 내려오는 B와 같은 스윙을 만든다. 잘 휘두른다는 것은
회전축과 질량 중심의 거리를 줄여 쉽게 돌리는 기술이라고 할 수 있다.
이러한 현상은 비단 골프스윙에서뿐 아니라 테니스의 서비스 기술, 야구의 피칭이나
태권도의 발차기 기술 등 인체의 분절을 빨리 돌리는 기술동작에서 얼마든지 찾아볼 수 있다.
휘두르면 결과적으로 레이트 히팅이 된다.

농구공 던지기

두.팔.과.몸.의.올.바.른.조.화

훌 륭 한 스 윙 을 한 달 만 에 !

하우투에 어느 날 연습생이 한 명 입사했다. 전혀 골프를 못 쳤으며 젊다는 것과
해병대 출신이라는 것 외에는 특별히 운동신경이 뛰어날 것도 없는 친구였다.
빨리 골프를 가르쳐준다는 소문에 물어 물어 찾아왔다며
궂은일은 도맡아 할 테니 골프를 좀 가르쳐달라고 했다.
인상도 좋고 제안이 흥미로워서 채용을 하고 휘두르기와 농구공 던지기 연습을 계속 시켰다.
그런데 하우투를 찾는 손님들이 많을 때여서 그 친구를 열심히 봐줄 수 없었고,
오히려 초보자들의 한 팔 스윙과 농구공 던지기를 그 친구가 가르쳐야 할 상황이 되어 버렸다.
뭘 모르는 사람들은 농구공 선생님을 찾기까지 했다.
문제는 그 친구가 슬슬 골이 나기 시작했다는 것이다.
골프를 배우러 왔는데 골프는 안 가르쳐주고…….
한 달쯤 되었을 때였으니 젊은 친구가 그만큼 견딘 것도 대견하던 차여서
종이테이프로 공과 발의 관계설정을 해주고
그립을 내추럴 그립으로 정리해 준 다음 휘둘러 보라고 했다.
별도의 레슨 없이 혼자 30분을 끙끙대더니 완전한 스윙으로 공을 뻥뻥 쳐대는 것이 아닌가?
불과 30분 만에!! 본인도 놀라고 주변 사람들도 놀라고 우리 모두 환호성을 질렀다.
연습장에서 몇 년을 연습하고도 안 되는 것을 한 달의 기초연습과 30분의 실제연습으로 익혀버렸다.
스윙이 좋다고 골프를 잘 치는 것은 물론 아니다.
하지만 스윙의 완성도 면에서 어떤 싱글 골퍼보다도 훌륭한 스윙을 한 달 만에.
초보자 레슨에서 우리는 이런 사례를 수도 없이 경험한다. 사람들이 믿지 않을 뿐이다.

하우투에서는 한 팔 휘두르기가 어느 정도 스윙궤도를 안정적으로 그리기 시작하면서부터 두 팔의 운동을 결합하는 연습을 시작한다.

두 팔과 몸의 움직임을 이해하는 데 가장 효과적인 연습은 **농구공 던지기**다. 기본 스윙을 몸에 익힌 사람은 농구공 이외에 공 바구니를 이용해도 되고 두꺼운 책을 활용해도 무방하다. 하지만 초보자는 공을 직접 던져보는 게 좋기 때문에 농구공을 권한다. 미국의 100대 교습가들이 효과적인 스윙자세 연습 방법으로 한결같이 추천하는 방법이기도 하다.

처음에는 실제로 던지지 않고 오른쪽 앞으로 나란히에서 왼쪽 앞으로 나란히까지 그네처럼 흔들흔들 하다가 약간 자신감이 생기면 실제로 던지도록 한다. 가까운 거리에서 던지기 시작해 점차 거리를 멀리한다. 거리가 멀어질수록 팔 힘만 가지고는 던지기 어

팔은 그야말로 그네줄이다. 힘을 빼면 뺄수록 공을 쉽고 정확하게 던질 수 있다. 물이 담겨 있다고 생각하고 쏟아지지 않도록 연습하는 것이 중요하다.

(체중이동이 잘 안 되면 걸어가면서 던지라고 해보면 쉽게 이해한다.)

렵다는 것을 스스로 깨닫게 되고 결국 몸 전체로 농구공을 던지게 된다. 팔 힘만으로 던질 때는 몸과 팔이 따로따로 움직이지만 몸으로 공을 던지기 시작하면 몸과 팔이 붙어서 돌아가는 것을 관찰할 수 있다. 골프스윙을 가르칠 때 가장 어려운 부분 중 하나가 체중이동인데 농구공은 체중이동 없이 멀리 던질 수 없기 때문에 그 점에서도 효과적이다.

처음 골프를 배우려는 사람에게 한 팔 휘두르기와 농구공 던지기를 이틀 정도 시키면 슬슬 지루해한다. '골프를 배우려고 왔는데 뭘 가르치는 거지?' 하는 표정이다. 사실 배우는 사람이 지루해하지만 않는다면, 또 빨리 필드에 나가야 하는 절박한 사정이 없는 초심자라면 한 2주일 클럽을 잡지 않고 두 가지 연습만 반복하라. **평생 골프가 즐거울 게 분명하다**. 골프 경력이 몇 년 된 사람일지라도 스윙을 전반적으로 교정하고자 한다면 한 팔 스윙과 농구공 연습을 꾸준히 해야 한다. 일상에서 연습을 시작할 때도 한 팔 스윙으로 시작하시길. 한 팔로 한참 연습하다가 농구공 연습을 마치고 왼팔의 도움을 받아 스윙을 해보라고 하면 한팔 스윙에 비해 두 팔 스윙이 너무 쉽다고들 한다. 처음 두 팔로 시작했더라면 어색하고 어려웠을 스윙인데 왼팔이 도와주니 너무 쉽단다. 이 얼마나 아이러니한 일인가?

휘 두 르 기 속 에 숨 어 있 는 물 리 법 칙 2

왼팔이든 오른팔이든, 아니면 두 팔로 휘두르든
목표지점을 향해 가장 큰 힘으로 채찍질을 하기 위해서는 팔의 멈춤 동작이 필요한데,
채찍 휘두르기를 함께 해보면서 전혀 가르치지 않아도 그런 사실을
누구나 이해하고 있다는 사실을 발견했다.
그것을 물리법칙으로 설명하면 '각운동량 보존의 법칙' 이다.
일단 형성된 각운동량은 외부에서 새로운 힘을 가하지 않는 한 늘 일정하다는 뜻이다.
여기서 운동량은 물체의 회전속도(w)와 그 물체가 지닌 고유의 회전 저항량인
관성모멘트(I)의 곱을 의미한다.

그림 A   그림 B

그림 A에서와 같이 릴리즈 직전의 운동량이
$I_1w_1 = 10$(왼팔의 운동량)이고
$I_2w_2 = 10$(클럽의 운동량)이므로 총운동량은 20이라고 하자.
그런데 타격 순간 그림 B에서와 같이 팔의 속도가 급격히 줄어 0이 되었다고 가정하면
운동량 보존의 법칙에 의해 총운동량은 20을 유지해야 하므로 I_2w_2가 20이 되어야 한다.
이때 I_2의 값은 변할 수 없으므로 w_2의 값만 급격히 증가할 수밖에 없다.
사람은 배우지 않아도 이처럼 복잡한 법칙을 몸으로 이해하고 있다.
그래서 그냥 휘두르기만 하면 된다.
단, 공이 있는 지점에서 클럽헤드가 최대 스피드를 내도록 휘두르는 연습을 해야 된다.
그러면 스스로 어떤 시점에서 회전축을 고정하고 왼팔의 스피드를 줄여야 하는지를
스스로 체득해 간다. 아니, 발견해 간다.

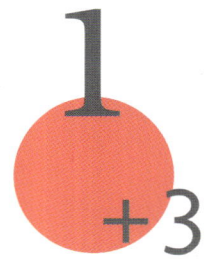

함정들

스 . 윙 . 과 . 볼 . 의 . 만 . 남

한 팔 스윙과 농구공 연습을 거쳐 두 팔 스윙으로, 그래서 두 팔로 골프채를 휘두를 수 있게 되면 이제 휘두르면서 생긴 궤도를 공이 있는 위치로 가져가야 한다. 공을 맞히는 단계로 들어가는 것이다. 사실 이 과정이 골퍼의 운명을 결정짓는다고 해도 과언이 아니다. 우리가 가장 많은 시행착오를 범한 부분이기도 하다.

빈 스윙을 잘 하다가도 공만 보면 사람들이 광분을 한다. 처음에는 단지 마음의 문제로만 취급했고 빈 스윙 연습량의 부족으로 치부해 버렸다. 하지만 많은 시행착오 끝에 쉬운 스윙을 어렵게 하도록 만드는 근원적인 함정을 몇 가지 발견했다. 첫째 함정이 공을 똑바로 보내야겠다는 마음이다. 똑바로 보내려는 마음, 그것을 우리는 **직진착각**이라 부르기로 했다.

아마추어 골퍼의 90퍼센트가 슬라이스 구질을 갖고 있는데 그 핵심 원인이 스윙에 대한 오해로부터 기인한다(프로들에게는 미안하지만 헤드 업이 원인이 아니다). 세상의 모든 골프채는 완전한 원운동과 정지해 있는 공이 만났을 때 공이 직진으로 날아가도록 온갖 물리적 운동법칙을 응용해 만들어졌다.

휘두름으로 만들어지는 원의 어딘가에 직선운동 부분을 만들어야만 공이 똑바로 날아간다는 생각은 눈에 속은 것이고, 그로 인한 착각이 똑딱볼 연습을 통해 불치병 수준으로까지 발전하게 된다. 골프 클럽을 만드는 회사도 아직은 복잡한 스윙에 대응하는 골프채를 만드는 기술 수준에 이르지 못했다. 타이어 바퀴를 두 개 맞대어 야구공을 날리는 실내 야구 연습장 피칭 머신의 원리를 생각해 보라. 완전한 원운동이 멋지게 공을 직선으로 날려보내는 모습을.

백 스윙의 탑에서 임팩트까지 불과 0.2초밖에 안 걸리는데 그 사이에 원운동의 한 부분

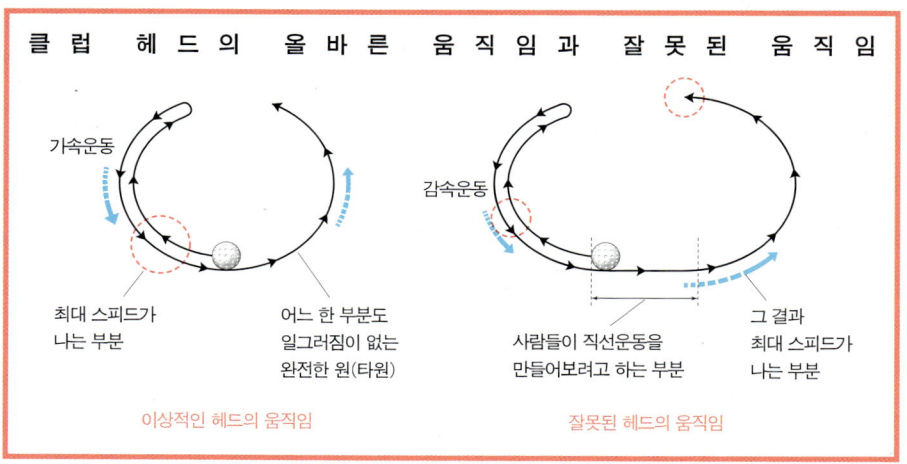

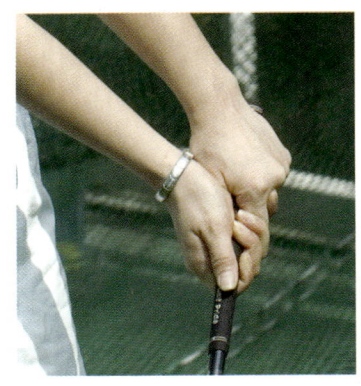

공을 똑바로 보내야겠다는 마음이 임팩트 후의 팔과 손 모양을 이렇게 만든다. 그러한 마음을 버리지 않으면 몸이 망가진다. 임팩트 후 손목의 모양이 이렇게 만들어지면 99퍼센트 슬라이스 구질이 된다.

을 직선운동으로 만드는 것은 보통 어려운 일이 아니다. 백 번에 한 번 성공할 수 있고 부단한 연습을 거듭해 열 번에 한 번 성공할 수 있다. 그렇다면 나머지 아홉 개의 공은 어찌해야 하나.

원운동 속에 무리하게 직진운동을 만들어 내려고 하다 보면 팔과 손목에 엄청난 무리가 가게 마련이다(골프상해의 대표적 경우다). 그리고 그냥 놔두면 엄청난 가속도로 진행해 갈 헤드를 역으로 붙드는 결과를 초래해 결국 직진도 아닌 것이 기대한 만큼 거리도 내지 못하게 된다. 그러면 모자라는 비거리를 몸의 회전속도로 커버할 수밖에 없고 회전을 더 빨리 하는 쪽으로 발전하게 된다.

미국에서 PGA 시합 전에 프로들이 모여 연습하는 모습을 구경한 갤러리들은 두 번 놀란다고 한다. 선수들이 느릿느릿 스윙하는 모습에 놀라고, 그렇게 느리고 부드러운 스윙에 얻어맞아 날아가는 공의 비거리에 다시 한번 놀란다는 것이다.

몸의 움직임이 너무 빠르면 우선 공을 정확히 맞힐 확률이 현저히 떨어지고 몸이 돌아가는 원심력 때문에 다운스윙에서 임팩트에 이르는 동안 헤드가 몸에서 멀어지는 현상을 막을 도리가 없다. 그러면 코킹이 미리 다 풀어져버리고 더욱더 몸의 회전을 빨리 하는 것으로밖에는 비거리를 늘릴 도리가 없는 지경으로 발전한다. 그 결과 늑막염 혹은 갈비뼈에 금이 가고 만다. 지독한 악순환의 고리다. 똑바로 보내야겠다는 생각 없이 그냥 휘두르자. 자신의 몸을 믿고 자신의 운동능력을 믿고 골프 클럽을 디자인한 회사를 믿으면 된다.

휘두르기와 공이 만나는 장면에서 골퍼들이 빠지는 두 번째 함정은 과도한 힘이다. 우리가 공과 스윙궤도의 만남을 연습시키기 전에 꼭 강의하고 시범을 보이면서 강조하는 것이 **골프에 필요한 힘**이다. 골프스윙을 하는 데 과연 얼마만큼의 힘이 필요할까?

> 휘두르기를 거듭해서 시켜보면 허리의 회전과 어깨의 회전이 수평임을 쉽게 알 수 있다. 몸은 수평으로 회전하고 팔만 밑으로 떨어졌다 돌아온다.

골프 클럽을 머리 위로 높이 치켜들었다 그냥 놓으면 바닥에 쿵! 소리를 내면서 떨어진다. 그 밑에 있다가 사람이 맞으면 상당히 아프겠구나 싶을 정도다. 그런데 자유낙하하는 힘을 이용해 살짝 끌어내리면 엄청난 파괴력을 지닌 힘으로 바뀐다. 우리는 이것을 지구가 도와줘서 그렇다고 설명한다. 그립을 꽉 쥐지 않고 두 손가락으로 해도 결과는 마찬가지다.

이것을 강의하고 설명할 때는 연습하고 있는 주변 사람들을 모두 불러모은다. 한 번, 아니 두 번을 들은 사람도 마찬가지다. 아무리 들어도 지나침이 없을 만큼 중요할 뿐 아니라 정말 사람들의 뇌리에 깊숙이 각인시켜야겠다는 욕심도 있기 때문이다.

지구가 돕는다는 것은 **중력의 힘을 이용한다**는 의미다. 원운동에 직선운동을 인위

> 지구의 도움을 받으면서 끌어내릴 때 조금만 힘을 주어도 놀라울 만큼 헤드스피드를 내게 된다. 이때 팔로 끌어내리면 릴리즈 타이밍의 오차범위가 커지는데, 허리 힘으로 끌어내리면 그것이 현저히 줄어들고 자연스런 낙하에 가까워진다는 실험 결과가 나왔다.

적으로 만들어 넣으려고 하면 그 순간 손목과 팔에 힘이 들어가고 결국 지구의 도움을 거부하는 결과를 낳는다. 휘두르는 동작이 아니라 공을 때리는 마음으로 덤비면 역시 지구가 싫어해서 도움을 받을 수 없다. 지구의 도움을 받으면서 끌어내릴 때는 조금만 힘을 주어도 놀라울 만큼 헤드스피드를 내게 된다. 이때 팔로 끌어내리면 릴리즈 타이밍의 오차범위가 커지는데, 허리 힘으로 끌어내리면 그것이 현저히 줄어들고 자연스런 낙하에 가까워진다는 실험결과가 나왔다.

그런데 골프는 열 개의 공을 쳐서 여덟 개 이상은 일정하게 보내야 즐길 수 있는 운동이다. 휘두르고 나서 몸이 균형을 잡을 수 없다면 공을 멀리 보낼 수는 있을지 모르지만 항상성이 떨어진다. 그러면 어디까지가 한계인가? 몸의 좌측, 왼발의 축이 버텨주는 만큼이 정답이다. 휘두르고 나서 피니시 자세까지 갔을 때 왼발만으로 산뜻하고 안정감 있게 설 수 있는 만큼, 피니시 자세에서 에너지가 더 이상 남지 않고 클럽이 몸에 사뿐히 얹히는 듯한 느낌이 드는 만큼이 정답이다.

마지막 함정은 몸을 자꾸 수직으로 회전시키려고 하는 것이다. 이런 문제가 하도 많이 발생해 **수 직 착 각** 이라고 이름을 붙였다. 채찍을 가지고 할 때나 골프 클럽으로 빈 스윙을 할 때는 아무런 생각 없이 잘 휘두르다가도 공만 보면 이상한 폼으로 변하는 것은 공이 바닥에 놓여 있어서, 몸이 수직으로 회전해야 할 것처럼 착각하기 때문이다. 여성 골퍼에게서 잘 나타나는 배치기 스윙이 이런 오류의 대표적인 예다.

휘두르기를 반복적으로 시켜보면 **허리의 회전과 어깨의 회전이 수평으로 돌아감**을 쉽게 납득한다. **몸은 수평으로 회전하고 단지 팔만 밑으로 떨어졌다 돌아온다**는 사실을 몸이 느끼도록 충분히 연습해야 한다.

자! 지구가 도와주면

초등학교 선생님을 가르치던 날도 주변의 사람들을 모두 불러모았다.
보통 이런 레슨을 할 때면 교육 효과를 높이기 위해 대개 나무바닥에서 한다.
슬쩍 끌어내린 골프 클럽이 꽝! 하는 소리에 사람들이 깜짝 놀라기를 기대하면서.
그 날도 어김없이 나무바닥에다 대고 멋있는 폼으로
"자! 지구가 도와주면 얼마나 큰 힘을 내게 되는지 보세요"
하면서 슬쩍 끌어내렸는데 꽝! 하는 소리와 함께
순간 손과 팔에 허전함이 전해졌다.
내 손에 들려있는 것은 헤드와 분리된 골프 클럽이었다.
선생님의 골프채는 요넥스사 것이었다.
"서방님이 선물해 준……. 내일모레 라운드해야 하는데……."
교육효과는 확실했다.
나무바닥에서라도 골프채 가지고 장난 치지 말 것!
살살 끌어내려도 망가짐.

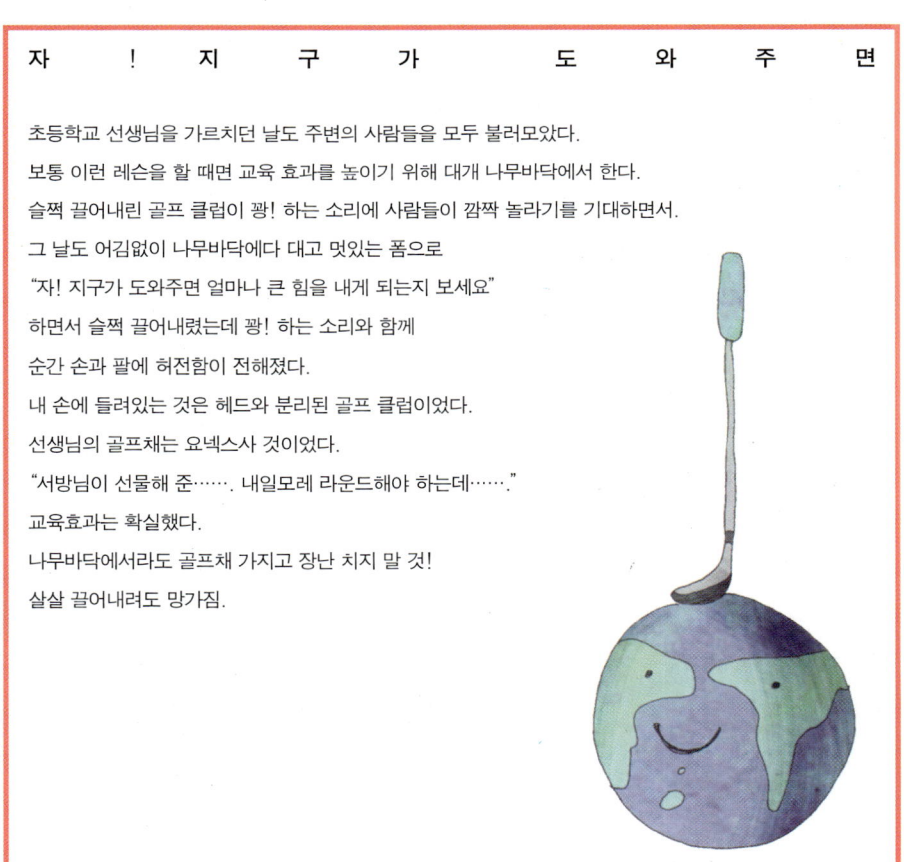

1+4 스윙은 왈츠다
스.윙.연.습.의.리.듬.과.이.미.지

몇 가지 기본적인 연습으로 휘두르는 모양이 갖춰지면서 공을 날려 보내게 되면 한 가지 강조하고 넘어갈 것이 있다. 스윙에서의 리듬이다. 내기 골프를 하는 사람들 사이에서 전해 내려오는 이야기가 있다.

"모양 좋은 놈이 리듬 좋은 놈을 당하지 못한다." 스윙에서 모양도 중요하고 리듬도 중요하지만 모양보다는 리듬이 더 본질적이라는 의미랄까. 아무튼 골프에서 일가를 이루었다고 할 만한 사람의 책을 보면 하나같이 리듬의 중요성을 강조한다. 많은 사람이 책을 읽어 리듬의 중요성을 알고 있지만 개념만 아는 것이지 연습을 통해 체감·체득하지는 못했다. 우리는 이를 체득하는 데 왕초보 단계에서부터 많은 시간과 노력을 할애한다. 프로든 아마추어든 좋은 스윙 자세를 보면 아름다운 춤을 보는 듯하다. 절제

되고 부드러우면서 불필요한 동작이 없는 아름다움. 스윙의 궤도가 조금 일그러졌다고 하더라도 전체적으로 리듬이 좋으면 나무랄 데 없이 좋은 구질의 공을 친다는 사실은 주변에서도 흔히 접할 수 있다.

그렇다면 어떤 리듬에 맞춰야 하는가? 왈츠 리듬이다. 상체를 움직이는 운동은 대부분 세 박자 운동을 하게 된다(4분의 3박자 혹은 8분의 6박자). 배의 노를 젓는 운동이 그러하고 야구투수의 리듬 또한 3박자다. 뱃노래의 리듬을 생각해 보라. "에! 야 ~ 노, 야! 노 ~ 오 야!" 자연현상에도 세 박자로 움직이는 운동은 많이 있다. 큰 파도가 방파제를 때리는 장면을 연상해 보라. "출 ~ 렁, 철 ~ 썩!" 춘향이가 그네 타는 장면을 생각해 보라. "흔 ~ 들, 흔 ~ 들!"

운동은 우뇌가 관장하고 개념적인 언어는 좌뇌가 주관한다. 우리가 레슨을 할 때는 의태어를 많이 사용한다. 의태어를 사용해 리듬감을 주면 우뇌 영상을 떠올리게 되고 그 영상의 이미지대로 움직일 수 있게 된다.

"스윙에 리듬감을 주세요!"라고 하면 좌뇌가 생각을 한다. 좌뇌가 활동을 시작하면 정작 리듬에 맞추는 것을 주관해야 하는 우뇌는 활동을 활발히 할 수가 없다. 그보다는 "춘향이가 그네 타는 것을 우뇌에 떠올리고 그 이미지에 맞춰서 따라하세요!" 하는 편이 연습 효과가 더욱 탁월하다.

운동을 컨트롤할 수 있는 것은 이미지뿐이다. 평소에는 잘 걷다가 제식훈련만 하면 손과 발이 엉키는 것과 같은 이치다. 생각을 하면 좌뇌가 활동하면서 정작 운동을 집행하는 우뇌의 활동을 방해해 전혀 엉뚱하고 터무니없는 운동결과를 가져온다. **운동을 통제할 수 있는 것은 이미지지 개념이나 생각이 아니라는 사실을 잊지 말자**.

지   네   의   우   화

발이 여럿인 지네가 어디론가 열심히 기어가고 있었다.
이때 지네를 바라보고 있던 지렁이가 물었다.
"야, 지네야! 너는 발이 그렇게 많은데 헷갈리지도 않니?
도대체 어떻게 걷는 거야? 너무 어려울 것 같아."
지렁이의 물음에 지네가 말했다.
"응, 그렇지 않아.
걸음을 걷는 것은 너무나 쉬운 일이야.
오른쪽 첫째 발을 옮기면서
그 발이 채 땅에 닿기 전에 왼쪽 첫째 발을 들어올리고
첫째 발을 디딤과 동시에 둘째 발을 들어올리면서 왼쪽 발을……."
이렇게 한참 동안 설명하던 지네는 발이 모두 엉켜버려서
더 이상 걸음을 걸을 수 없게 되었다.
지렁이는 생각했다.
'함부로 걸을 일이 아니구나. 그냥 기자.'

스윙이 빠른 사람에게 "스윙을 천천히 하세요." 하는 것은 레슨이 아니다. 헤드업이 심해 레슨받으러 온 사람에게 "헤드업 하지 마세요!"라고 하는 것이나 스웨이가 심해서 고치려고 온 사람에게 "스웨이 하지 마세요!" 하고 레슨하는 것은 배가 아파서 온 사람에게 약은 안 주고 "배 아프지 마세요!" 하는 것과 같다. 결과적으로 스윙을 천천히 해야겠다는 생각을 하게 해서 그 사람의 운동을 방해하게 된다. 스윙이 빠른 사람은 눈을 감고 유유히 노를 젓는 뱃사공이나 신중하게 와인드업 해서 공을 던지는 투수, 혹은 큰 파도를 떠올리게 하고 눈을 감은 채 그 이미지에 맞도록 몇 번 스윙을 시킨 다음, 공을 치게 하면 놀라운 효과가 나타난다. 필드에서 스스로 스윙이 빨라진다고 느낄 때 활용해도 좋다.

리듬에 맞춰 뭔가를 기억해 두면 쉽고 정확히 오래 기억한다는 것은 실험을 통해서 증명된 사실이다. 어렸을 적에 배운 국민체조나 신세계체조를 음악만 틀어주면 얼기설기 기억할 수 있다거나 어렸을 때 외운 동시는 기억하지 못해도 동요는 전주만 나와도 흥얼흥얼 따라하는 것을 봐도 알 수 있다. 속으로 하나 둘 셋, 둘 둘 셋 하면서 스윙을 연습해도 안 될 때는 입으로 중얼거리면서 하면 더 큰 효과를 볼 수 있다. 리듬이 빠진 휘두르기는 '앙꼬 빠진 찐빵이다'. 애써 익혀놔도 금방 잊어버리기 십상이다. 리듬과 함께 기억해야 오래가고 정확하다.

채찍 휘두르기를 시켜보면 최대한의 스피드를 내기 위해 백스윙의 탑에서 잠시 멈추는 동작이 자연스레 나타난다. 채찍 끝이 휘두르려고 하는 반대 방향으로 늘어지도록 기다리는 시간이다. 그렇게 완전히 넘어가고서야 제대로 휘두를 수 있다는 사실을 가르쳐주지 않아도 알고 있는 것이 신기하기조차 하다. 그네를 타봐도 마찬가지다. 멀리 굴러 높이 올라가려면 자연히 멈추는 듯한 동작을 하게 된다. 휘두르기는 좋은 리듬을 만들어주고, 좋은 리듬은 보다 효과적인 휘두르기를 만들어준다.

우리는 골프를 배우러 온 사람들에게 뭔가 새로운 운동을 배우러 왔다고 생각하지 말고 춤을 배우러 왔다는 정도의 가벼운 마음으로 휘두르기 연습을 하라고 한다. 그래서 여느

연습장과 달리 하우투골프 클럽은 시끄럽고 소란스럽다. 코치나 프로가 입으로 쿵 짝짝 쿵 짝짝 하고 리듬을 외치지, 혼자 연습하는 사람은 하나 둘 셋 둘 둘 셋 중얼거리지, 거기에 공 치는 소리, 공이 타깃 천에 가서 뻥뻥 맞는 소리…….

> 스윙을 교정하려면 리듬과 셋업을 먼저 고쳐놓고 그 다음에 스윙 메커니즘을 점검해야 한다.

골프스윙은 리듬으로 시작해서 모양을 만드는 과정을 거쳐 다시 리듬으로 완성된다. 리듬을 뺀 스윙은 사상누각이다. 스윙은 변하고 그 변화를 최소화하는 것이 리듬이다. 미국의 레슨 프로들도 오랫동안 레슨해 온 사람이 스윙이 망가져 찾아오면 우선 자를 들이대고, 다음에는 초시계를 든다고 한다. 자를 들이대는 것은 셋업 상태를 체크하기 위함이고 시계를 보는 것은 리듬을 측정하기 위함이다. 여기에 이상이 있으면 다른 것을 교정해 봐야 소용이 없다. 리듬과 셋업을 먼저 교정해 놓고 그 다음에 스윙 메커니즘을 점검해야 한다. 스윙 메커니즘은 젓가락질이나 걸음걸이가 쉽게 바뀌지 않는 것처럼 쉽게 달라지지 않는다.

나가기

이것저것 복잡하게 설명하고는 있지만 사실 1장에서 설명하는 내용은 빠르면 하루 레슨에서 이뤄지는 것이고 시간이 더 필요한 사람이라 할지라도 2, 3일이면 숙달하는 연습과정이다. 이로써 풀 스윙이 완성된다. 남은 과제는 활줄을 당겨 활을 쏠 수 있다고 해서 과녁을 맞힐 수 없는 것과 마찬가지로 과녁을 맞히는 연습을 시작해야 한다. 다트를 생각해 보자. 던지기가 어려운 것이 아니라 가운데 맞추는 것이 어렵지 않은가? 이제 반복 훈련과 연습만이 남아 있을 뿐이다.

골프의 스윙이 점과 점이 만나는 운동이 아니라 회전면과 공이라는 점이 만나는 운동이라고 설명한 것과 같이 스윙의 결과 날아가는 공도 어떤 점을 향해 가는 것이 아니다. 날아간 공이 어느 정도 범위 안에 들어가기만 하면 된다. 100미터를 기준으로 볼 때, 100타 정도 치는 사람이 30미터의 원 안에 넣으면 '되는 운동'이고, 90타를 치는 사람은 20미터 원 안에 넣으면 굿 샷이고, 싱글을 치는 사람은 10미터 원 안에 넣으려고 애쓰며, 프로는 5미터 원 안에 넣고자 기를 쓰고 연습한다.

일정한 산포로 어떤 원 안에 공을 넣는 것은 처음부터 몸을 괴롭히면서 스윙 모양을 억지로 만든다고 되는 일이 아니다. 공을 치는 절대량, 시간과 노력이 필요하다. 또한 좋은 리듬, 집중, 루틴, 목표에 대한 몰입, 볼과의 관계 설정, 클럽과의 올바른 결합 등 수없이 많은 요소들이 기다리고 있다.

여러 가지 요소를 결합시켜주는 것이 리듬이다. **리듬은 만병통치약이다**. 보기 플레이어건 싱글 플레이어건 스윙에 문제가 있어 교정해 달라는 사람들 중 많은 수가 스윙의 기술적이거나 기계적인 부분에 대한 교정 없이 리듬을 바로잡아 주는 것만으로도 스스로 잘못을 고치고 간다.

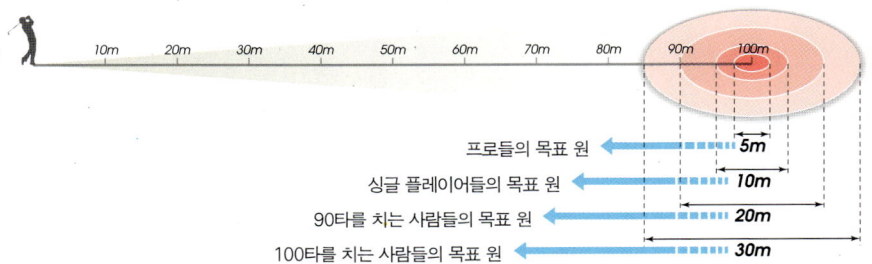

본질을 이해해야

골프가 쉽다.

2 공과의 바른 만남

내가 공을 치거나 때리는 것이 아니라
내가 골프 클럽을 휘두르고 지나가는 자리에
공이 놓여 있을 뿐이라는 발상의 전환이
골프를 쉽게 만든다.

들어가기

골프스윙을 기계적으로 설명하는 교습서를 보면 그립과 셋업에 무슨 정답이 있는 것처럼 설명하고 있지만 전혀 그렇지 않다. **정답이 아니라 선택이 있을 뿐이다**. 그리고 그립과 볼의 위치와 몸의 모양은 따로 분리된 것이 아니라 상호 연관된 하나의 덩어리다. "그립은 스트롱, 볼 위치는 왼쪽, 스탠스는 좁게, 공하고는 좀 멀리!" 이렇게 슈퍼마켓에서 장바구니에 뭔가를 주워 담듯이 해서 될 일이 아니다. **어떤 구질의 공을 원하느냐에 따라 스스로 선택해 가는 것이다**.

휘두르기가 완성되면 이제 공과 만나야 한다. 휘두르기는 무작정 하는 것이 아니라 공을 날려 보내려는 것이므로 공과 어떻게 만날지가 대단히 중요하다. 한 가지 다행스럽다고 할 만한 것은 골프에서는 날아오는 공과 만나는 것이 아니라 **멈춰 있는 공과 만난다**는 사실이다. 이것이 가장 다행스런 골프의 요소이자 가장 **골프를 어렵게 만드는 요인이다** (야구나 탁구는 공이 날아오기 때문에 생각할 시간 없이 반사적으로 공을 쳐내야 한다. 그렇지만 골프는 원천적으로 반사운동이 될 수가 없다. 아무 생각 없이 휘둘러야 하는데 생각할 수 있는 시간이 너무 많아서 문제다. 생각하느라 터무니없는 공을 날린다).

공이 멈춰 있기 때문에 공과 올바르게 관계를 설정하기만 하면 사실 눈을 감고도 할 수 있는 것이 골프다. 운동을 잘한다고 스스로 자부하는 사람들은 "날아오는 공도 치는데 멈춰 있는 공을 못 쳐?" 하고 덤벼들었다가 낭패를 보는 일이 허다한데 사실 맞는 말이기는 하다. 눈을 감고도 휘둘러서 공을 맞힐 수 있어야 스윙이 나름대로 완성되었다고 할 수 있다(우리는 실제 연습 과정에서도 눈 감고 스윙하는 것을 적극 권한다).

공과 몸의 관계가 바르게 설정되어 있다면 단순한 휘두르기만으로도 공을 멋지게 날려 보낼 수 있다. 하지만 관계설정이 잘못되어 있으면 잘못된 만큼 온몸으로 그것을 보완하려는 노력을 하지 않으면 안 된다. 그래서 날이 갈수록 폼이 복잡해져만 간다. 시간과 비용이 충분하다면 사실 골프는 자기 마음대로 해도 상관 없다. 또 주변에 싱글이라고 하는 사람들을 봐도 저 폼으로 어떻게 싱글일 수 있을까 싶은 사람이 많다. 스윙이 표준이 아닌 만큼 **유지 관리 비용**이 많이 든다고 생각하면 된다. 폼이 이상할수록 연습을 더 해주지 않으면 바로 스코어가 망가진다.

2 공이 놓여야 할 자리
+1

며칠 동안 연습하여 스윙궤도가 바닥을 슬쩍 스치고 지나갈 만큼 안정되었다면 반복적으로 스윙을 해서 스치고 지나가는 지점을 확인하고 거기다 공을 놔주면 된다. 아무런 꾸밈도 없이, 불필요한 동작도 없이 그저 **자연스런 휘두름으로 인해 골프 클럽과 연습 매트가 만나는 자리**를 – 그곳이 디보트가 만들어지는 자리다 – 찾는 것이다. 공과 몸의 관계를 임의로 설정해 놓고 스윙 모양을 바꿔가면서 손과 팔에 힘을 줘서 공에 몸을 맞춰가는 것은 곧 고행의 길로 들어서는 것이나 마찬가지다.

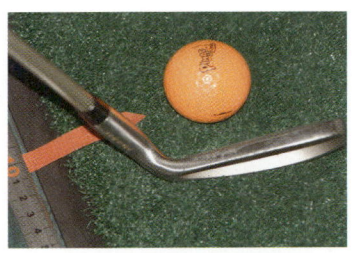

놓여 있는 공에 내 몸을 맞추는 것이 아니라 클럽과 연습 매트가 만나는 자리를 발견하고 그곳에 공을 놓아주는 것이다. 연습 과정에서 실제로 그렇게 한다.

빈 스윙은 잘 하다가도 셋업 자세에 들어가서 공만 보면 억지 스윙을 하곤 하는데 이런 **발상의 전환**이 사람들로 하여금 공과 만나는 첫 경험을 대단히 편하게 해준다는 사실을 수많은 시행착오를 거치면서 알게 되었다. 직진 착각과 수평착각을 해결하고 지구의 도움을 받아 적당한 힘을 활용하는 연습까지 했다고 하더라도 공과의 관계설정이 올바르지 않으면 안 된다. 기초공사가 잘못된 건물과 마찬가지로, 다음 층을 쌓을 수도 없고 설사 쌓았다 하더라도 결국 하자가 발생할 수밖에 없다.

그렇다면 어떻게 공의 바른 위치를 찾을 것인가? 그것은 누군가가 찾아주는 것이 아니고 스스로 가지고 있다. 휘두르면서 생긴 자국에 공을 가져다 놓으니 일단 사람들이 심리적으로 편안해졌다. **내가 공을 치거나 때리는 것이 아니라 내가 휘두르고 가는 자리에 공이 놓여 있다**는 사실을 체득하는 것이 한결 수월해졌다. **공의 위치를 발견한다**는 점이 레슨에 있어서 대단한 발상의 전환이라고 생각하고, 이로써 많은 사람들이 골프스윙을 쉽게 배울 수 있는 길을 열었다고 자부한다.

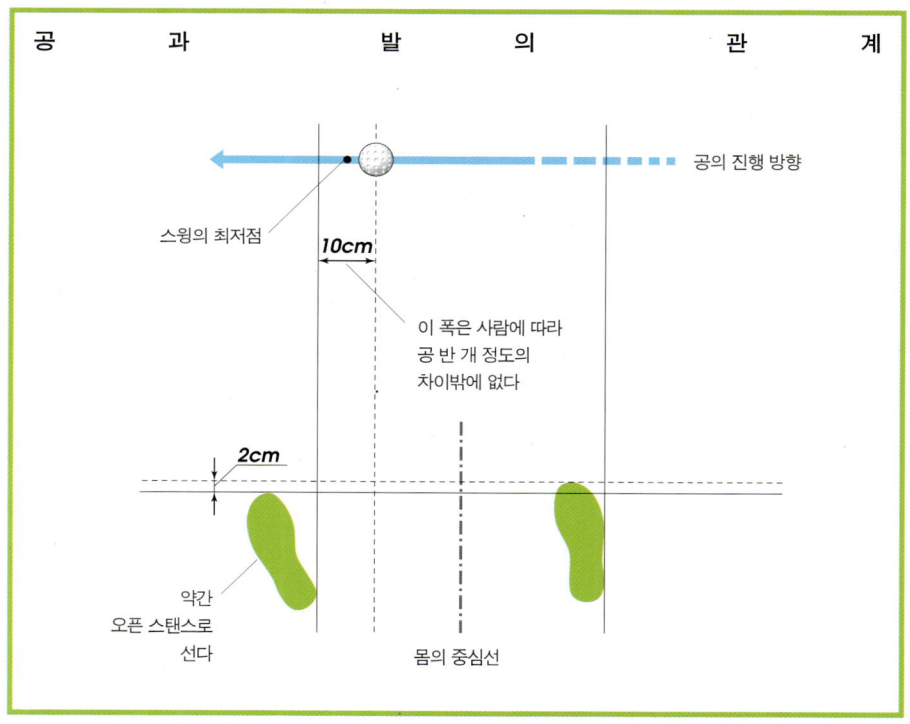

그렇게 해서 찾은 자리를 보면 대개 왼발 뒤꿈치를 기준으로 10센티미터 내외다. 신장이나 체형이 달라도 불과 공 하나 이상의 차이는 나타나지 않는다. 그 한 개의 차이에 개인의 고유성이 숨어 있다. 어렵지 않게 찾을 수 있다.

클럽과 매트가 만나는 자리를 정확히 발견하면 눈을 가리고 스윙을 시키면서 공에 집착하지 않는 스윙이 어떤가를 경험하게 한다. 그때 공이 클럽에 상큼하게 닿는 느낌을 체득하도록 하는 것이 중요하다.

몸의 모양

효.과.적.으.로.
휘.두.를.수.있.는.자.세

사실 적당한 공의 위치를 찾기에 앞서 **몸의 모양**을 잡는 것이 먼저다. 그런데 순서를 바꿔서 설명하는 이유는 실제 레슨에서 별로 시간을 할애하지 않고 지나가는 부분이기 때문이다. 어떤 자세가 효과적인지 몸은 이미 알고 있다. 태권도 기마 자세나 야구의 타격 준비 자세, 탁구나 테니스의 리시브 자세, 권투선수나 유도선수의 자세……. **대 부 분 의 운 동 에 서 볼 수 있 는 자 세 의 공 통 요 소 가 골 프 에 도 그 대 로 적 용 될 뿐 이 다 .**

좋은 자세란 몸의 균형을 잘 유지하고 에너지를 효과적으로 낼 수 있는 자세일 것이다. 그러려면 무릎을 약간 굽히고 엉덩이를 뒤로 빼야 한다. 무게중심은 몸이 쏠리지 않도록 발바닥의 중심—정확히 이야기하자면 용천혈—에 두어야 할 것이고 상체는 편안하게 늘어뜨려야 한다. 바른 자세로 셋업한 사람은 어느 방향에서 밀어도 쉽게 흔들리지 않지만 잘못된 자세는 살짝만 밀어도 균형이 깨진다.

어차피 스윙은 왼쪽 다리 쪽에 모든 체중을 싣고 회전할 것이므로 왼팔을 가장 편안하게 늘어뜨린 그 자리가 클럽과 손이 만나는 자리일 수밖에 없다. **왼손이 그립과 만나는 위치로 오른손이 살며시 다가가 클럽과 결합하면 된다.** 그러면 어깨선이 오른쪽으로 약간 기울고 오른쪽 팔꿈치는 얌전하게 오른쪽 옆구리에 붙는다.

2+3 스윙은 하나다

드.라.이.버.도.아.이.언.도.
페.어.웨.이.우.드.도.
스.윙.은.한.가.지.다

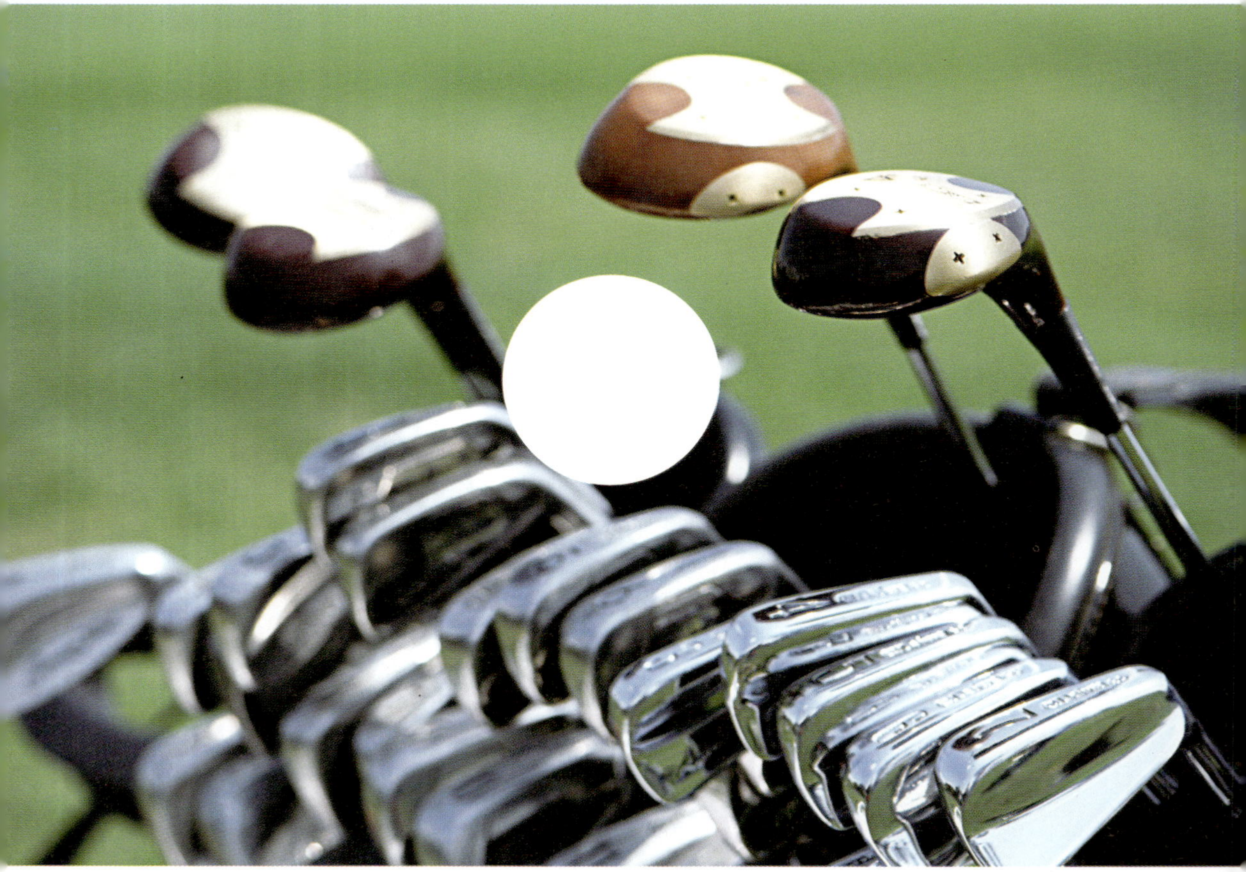

클럽에 따라 공의 위치와 자세를 어찌할 것인가? 어찌할 필요 없다. **스윙은 하나다**. 드라이버 칠 때 스윙이 달라지고 아이언 칠 때 스윙이 달라지는 것이 아니다.

어떤 프로는 드라이버나 페어웨이우드를 칠 때는 쓸듯이 치고 아이언은 찍듯이 치라고 한다. 쇼트 아이언은 더욱 찍어야 한다나 어쩐다나. 물론 가능한 이야기다. 안 되는 일이 있을까? 연습하면 다 된다. 그런데 뭐 하러 그런 복잡한 연습을 해야 하는가? 휘두르기면 다 같은 휘두르기지 짧은 것 휘두를 때 다르고 긴 것 휘두를 때 다를까? 골프가 아닌 그 무엇이라도 상식적으로 이해할 수 없다면 틀린 것이다.

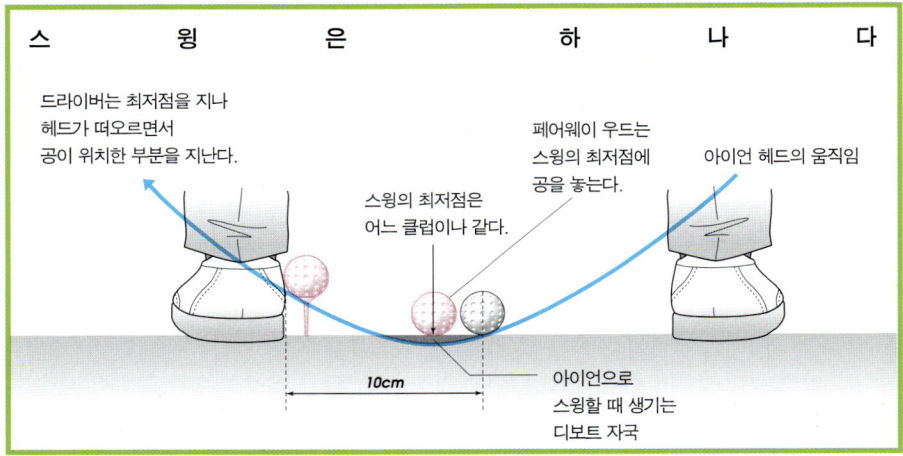

> 잘못된 공의 위치.
> 쇼트 아이언은 오른발 쪽,
> 미들 아이언은 중간,
> 롱 아이언은 왼발 쪽.
> 그러면 숏 아이언인데
> 넓게 설 경우 공은 어디다
> 놓을 것인가? 본질을
> 잘못 이해하면 응용할 때
> 터무니없는 오류가
> 발생한다.

같은 휘두르기인데 휘두를 물건이 다르니까 결과적으로 느낌은 다를 수 있다. 공을 놓는 위치가 조금씩 다르기 때문에 결과적으로 어떤 클럽은 쓸고 지나가고, 어떤 클럽은 찍는다. 그렇지만 스윙은 하나다. 오직 휘두르고 지나갈 뿐이다.

롱 아이언은 왼쪽, 미들 아이언은 중간, 쇼트 아이언은 오른쪽이라는 설명이 있다. 비슷하게 보일지 모르지만 본질적으로 잘못된 설명이다. 풀 스윙을 놓고 보자면 어찌 되었건 왼발을 중심으로 회전해 갈 테니 왼발과 공의 관계는 변하지 않는다. 그런데 골프채가 길어지면 멀리 보내기 위해서도 그렇고 아무래도 몸을 많이 쓰게 되므로 보폭이 좀 넓어질 수밖에 없다. 드라이버 스윙을 할 때가 제일 넓고, 클럽이 짧아질수록 비거리보다는 방향성 혹은 안정성이 중요해져 좁게 설 것이다. 그렇게 오른발로 보폭을 조정하다 보면 롱 아이언은 공이 왼쪽에 붙은 것처럼 보이고 미들 아이언은 몸의 중앙에 볼이 놓이게 되고 쇼트 아이언은 오른발 쪽에 놓이게 된다. 결과적으로 그런 것이다. 쇼트 아이언을 가지고도 힘을 많이 써서 쳐야 할 때가 있고 롱 아이언도 좁게

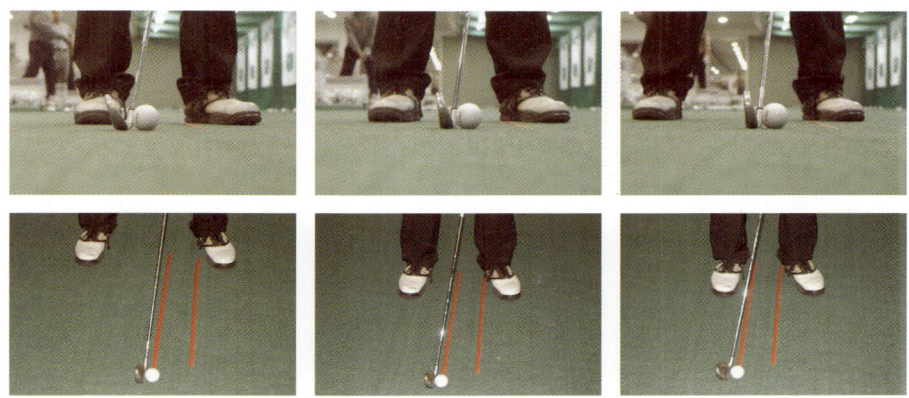

서서 부드럽게 쳐야 할 경우가 있다. 그럴 때는 어떻게 할 것인가? **본질에 대한 이해와 설명이 잘못되면 응용할 때 터무니없는 오류가 생길 수밖에 없다.**

> 올바른 공의 위치. 몇 번 아이언으로 휘두르든 왼발과 공과의 관계는 변함이 없다. 오른발의 간격으로 방향성과 거리 중 하나의 요소를 선택하는 것이다. 좁게 서면 방향성은 좁아지고 거리는 짧아진다. 넓게 서면 그 반대다.

몸의 좌측을 중심으로 휘두르기를 하다 보면 스윙궤도의 최저점이 왼발 뒤꿈치에서 약 5센티미터 지점에 형성되는 것을 알 수 있다. 사람에 따라서 불과 1~2cm의 차이밖에 없다. 모든 클럽이 마찬가지다. 그런데 아이언은 일단 공이 떠야 하고 날아가서 많이 구르면 안 되기 때문에 스윙의 최저점보다 약간 오른쪽에 놓고 휘두르고 (그렇게 하면 공이 먼저 맞고 나서 최저점을 통과한다. 그래서 찍는 느낌이 들고 디보트가 생긴다. 클럽의 모양도 땅을 잘 퍼낼 수 있게 되어 있다), 페어웨이우드는 굴러가서 거리를 많이 내는 편이 유리하므로 최저점에 그대로 공을 놓는다(페어웨이우드는 최저점 앞에서 떨어지더라도 땅을 파서 실수하지 않도록 바닥을 평평하게 디자인했다).

잊지 말자. 스윙은 하나다.

그립

젓.가.락.질.못.한.다.고.
밥.못.먹.지.않.는.다

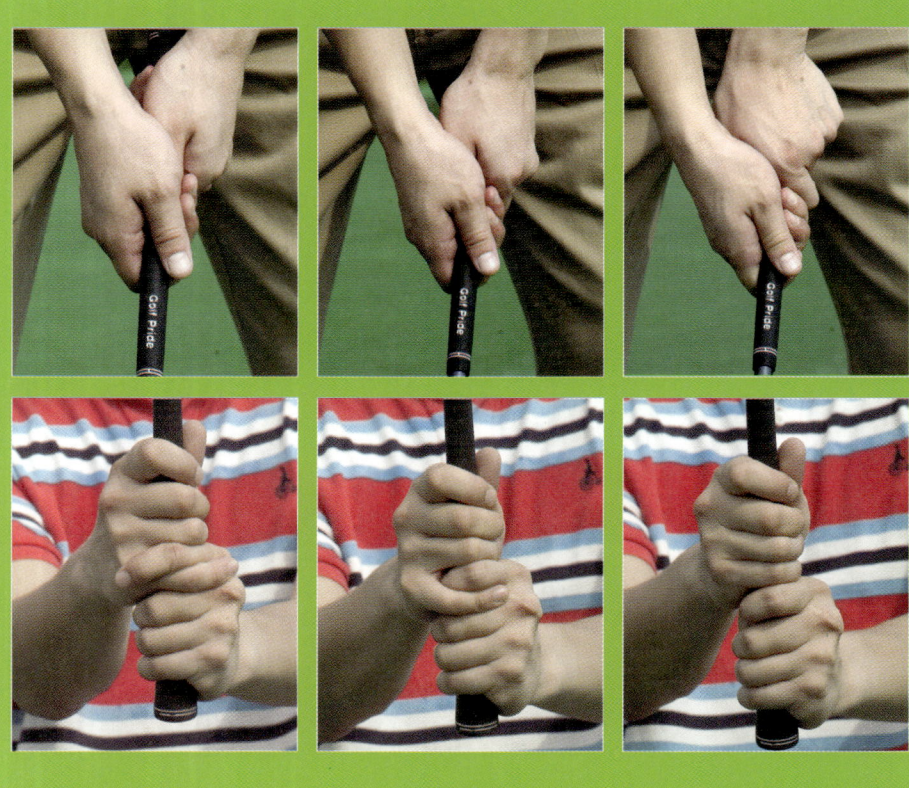

골프채를 어떻게 잡을 것인가에 관해서도 참 이론이 많다. 공을 좀 쳐봤다는 사람일수록 자신감 있게 자기 의견을 피력하는 분야 중 하나일 것이다. 손가락으로 잡아야 한다느니 손바닥으로 잡아야 한다느니 뒷부분은 바닥에 닿고 앞은 손가락에 걸쳐야 한다느니 ……. 클럽을 잡는 강도에 대해서도 꽉 잡으면 안 된다. 너무 살살 잡아도 안 된다. 여기까지만 해도 괜찮다. 클럽에 대는 손의 각도에 따라 훅 그립이 슬라이스 방지에는 최고다. 위크 그립이 좋다, 뭐니뭐니 해도 스퀘어가 최고다……. 두 손의 결합방식으로는 힘이 있는 남자는 오버랩핑이 좋고 힘 없는 여자는 인터록킹이 좋다 등등…….

만약 술자리나 상갓집의 여유로운 한쪽 구석쯤이라면 이런 이야기가 한두 시간 안주거리로 충분할 것이다. 여기까지만 들어봐도 골프가 얼마나 어려운지 초보자라면 확실히 감을 잡을 수 있다. "야! 정말 골프는 아무나 하는 운동이 아니구나."

이런 이야기를 듣고 있으면 '**사람들이 정말 자신의 몸을, 아니 자신의 운동능력을 못 믿는구나**' 하는 생각이 든다. 아무리 생각해 봐도 골프스윙이 젓가락질보다 어렵지는 않다. 우리는 일상생활 속에서 골프보다 더 어려운 운동을 매일 하면서 살아가고 있다. 복잡한 길거리를 사람들과 부딪치지 않고 걷거나 뛰어가기, 커피 마시면서 신문 보기, 담배 피우면서 운전하기, 게다가 전화통화까지 한다면 정말 난이도가 높다.

> 스윙 궤도가 아웃인인 사람은 휴지 상자나 벽 앞에 서서 연습하면 금방 교정이 된다.

일상생활은 아니어도 우리가 레슨을 하면서 자주 예로 드는 것이 등산이다. 등산길 내려오기는 정말 아무 생각 없이 본능적인 감각에 몸을 맡기는 대표적인 경우다. '오른발 다음에 왼발, 손으로 어디를 잡고 어디를 딛고' 하는 식으로 몸의 움직임을 생각으로 통제하려 들면 성한 몸으로 하산하지 못할 것이다. 몸의 움직임뿐 아니라 산을 내려가는 행위 그 자체에 몰입하지 않고 잡념에 사로잡혀도 사고의 위험이 있기는 마찬가지다.

스윙궤도가 아웃사이드에서 인사이드로 들어와 고민하는 사람에게 "팔을 붙이세요.", "하체의 리드를 좀 빨리 하세요." 하고 아무리 말로 설명해 봐야 소용이 없다. 그렇지만 벽 앞에 서서 스윙을 해보라고 하면 절대 벽을 치지 않는다. 그렇게 연습하다가 공 앞에 휴지 상자를 하나 놓고 "상자를 부수면 새로 하나 사오세요!"고 겁을 주면 아무도 휴지 상자를 건드리지 않는다. 아웃인 궤도를 교정하면서 이론적으로 설명하지 않았고 레슨 받는 사람의 좌뇌는 전혀 사용하지 않았다. 몸이 알아서 한 것이다. 골퍼에게 난치병이라고 알려진 하나의 병을 고치는 데 불과 5분도 걸리지 않았다. 물론 벽이 없는 곳에서도 좋은 스윙궤도를 유지하기 위해서는 이제까지 잘못된 스윙을 해온 양의 10분의 1은 연습해야겠지만.

체중이동이 과해서 스웨이가 생기는 사람이나 오른쪽 무릎이 밀리는 사람은 옆에 캐디

백을 세워주거나 오른쪽 무릎을 왼발에 묶어주면 된다. 그러면 몸이 다 알아서 교정을 한다. 목표의식이 분명하면 셋업상 부분적인 결함이 있더라도 몸의 다른 부분이 보완하고 교정하면서 스윙을 할 수 있다. 눈, 코, 입을 하나하나 뜯어보면 어디 한 군데 볼 만한 구석이 없는데 전체로서 아름다운 사람도 있고 그 반대인 경우도 있다. **스윙이란 그런 것이다. 부분의 완성에 너무 집착하지 말자.**

골프 레슨이 서비스업이 아니거나 돈 받고 레슨하는 것이 아니라면, 그립에 관한 것을 어딘가에서 보았거나 듣고서 질문하는 사람에게 그냥 오른손과 오른팔로 100번, 왼손과 왼팔로만 100번, 양손을 모아 100번 빈 스윙을 하라고 시키겠다. 그러고 나서도 질문한다면 이번에는 200번씩 시키겠다. 그러고 나서도 또 질문한다면 여러 가지를 직접 해 보면서 자신에게 적합한 그립의 형태를 결정하라고 하겠다.

클럽과 손이 만나는 각도에 따라 분류하면 스트롱 그립, 스퀘어 그립, 위크 그립 세 가지가 있고 양손의 결합 형태에 따라 나누면 인터록킹, 오버랩핑, 네이추럴 그립으로 나눌 수 있다. 총 아홉 가지의 그립 형태로 나눌 수 있지만 결론은 클럽을 휘두르기에 가장 편한 그립을 선택하면 된다.

골프스윙에서 그립이 얼마나 중요한지 몰라서 이런 이야기를 하는 것이 아니다. 사람 얼굴을 그리는 데 눈이 얼마나 중요한가? 눈은 사람의 인상을 결정짓는 가장 중요한 요소 중 하나다. 그런데 눈만 잘 그린다고 그림이 다 되는 것은 아니지 않는가? 어렸을 적에 눈부터 시작해서 코, 입, 머리를 그리다 보면 어느 새 괴물을 그려놨던 경험이 누구나 한 번쯤은 있을 것이다. 윤곽을 먼저 그리고 눈, 코, 입의 위치를 잡고 머리모양도 대충은 그려놓고 눈을 좀 자세히 그렸다가 코도 좀더 그리고 전체적인 조화를 고려해 지우고 다시 그리고, 그래서 어느 정도 완성되면 색칠을 하고. 그렇게 하나의 그림을 완성해가는 것 아닌가.

골프에서 휘두르기는 데생에서 윤곽을 그리고 각 부분의 위치를 잡아주는 것만큼 중요하다. **휘두르기가 안 된 상태에서는 그립 이야기를 백날 해봐야 도움이 되지 않는다**.

열심히 휘두르다 보면 젓가락을 얼마나 꽉 잡아야 하는지 묻지 않고 알게 되듯이 그립의 강도를 저절로 깨닫게 된다. 휘두를 줄 알아야 인터록킹과 오버랩핑의 차이를 알 수 있다. 휘두를 줄 알게 되었을 때 훅 그립을 잡으면 훅성으로 공이 날아가고 위크 그립을 잡으면 슬라이스가 난다. 실험해 보면 알 일을 개념적으로 이해하거나 암기를 해서 어디다 써먹겠는가.

수준별 목표면적에 관해 앞장에서 이야기했다. 100미터 거리에서 30미터 원 안에 공을 넣는 연습을 하는 사람에게 그립은 전혀 중요하지 않다. 사실 어떻게 잡고 휘둘러도 그 원 안에는 넣을 수 있다. 심지어 한 팔로 하더라도. 그립이 중요하지 않아서가 아니라 그립의 미묘한 차이가 미치는 영향보다 더 큰 변수들이 많기 때문이다. 그래서 우리는 초보자를 레슨할 때 **휘두르기에 가장 편한 그립**을 잡으라고 한다. 일명 베이스볼 그립이라고도 하고 **내추럴 그립**이라고도 한다.

여성에게 처음부터 여성 전용이라는 인터록킹을 가르치면 골프에 재미를 들이기에 앞서 심한 통증이 찾아오고 그 역경을 이기고 나면 손에 변형이 온다. 그리고 결국 몇 년이 지나고도 100타를'깼느니 못 깼느니 하소연을 한다. 미안한 이야기지만 손가락만 휘었을 뿐 그 수준에서는 여전히 그립이 그다지 중요하지 않다.

그립에 너무 연연하지 말자. 잘 휘두르면 된다. 잘 휘두르기만 하면 그립의 형태와 모양은 선택사항이 다.

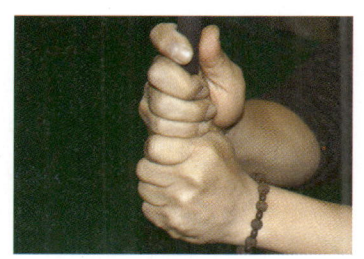
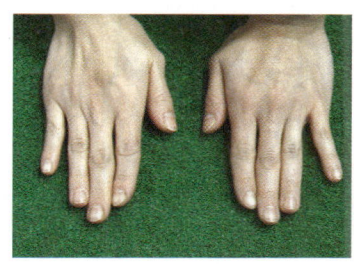

인터록킹을 잘못 하면 손가락이 변형된다.

나가기

스윙은 변한다. 바람이 많이 불어도 변하고, 비가 와도 변하고, 라운드를 많이 해도 변한다. 당연히 변하는 것인데 변하는 것을 막으려니 어려울 수밖에. 소렌스탐의 최근 책을 보면 우리가 묻지 않았는데도 이렇게 답하고 있다. "**스윙은 변화하는, 살아있는 것**"이라고.

프로는 날마다 네 시간 이상 연습한다. 그렇게 연습하고도 변하는 스윙을 하루 한 시간도 연습하지 않는 아마추어가 어떻게 고정할 수 있겠는가? 발걸음이 무거운 날이 있고 가벼운 날이 있다. 골프도 그렇다. 변화하는 스윙을 가지고 역시 변화무쌍한 필드에서 게임을 즐기는 것이다.

스윙이 변하는 정도를 줄일 수는 있다. 몸과 공의 가장 적합한 거리, 왼발과 공의 관계, 그립의 형태와 강도 등 스윙의 요소들 중에서 상수들을 찾아 확정하고 유지하면 변수가 있어도 스윙의 편차를 확실히 줄일 수 있다. 그렇다면 상수들이 확정되기 전까지는 골프를 칠 수 없다는 말인가? 전혀 그렇지 않다.

레슨을 하면서 가장 꼴불견인 경우는 셋업이 완성되지도 않았고 실력도 그만그만한데 뭘 하나 바꿔서 해보자고 하면 경기를 일으킬 때다. 보기플레이까지는 다양한 시도와 시행착오를 거치면서 자신에게 적합한 조건을 찾아간다고 여유롭게 생각할 필요가 있다. 그래야 골프가 행복해진다.

백지 위에 공을 놓고 목표방향을 바꿔가면서 발 도장을 찍어보면 스윙 수준이 그대로 나타난다. 여러 장을 겹쳐 불에 비추어 보면 프로는 거의 똑같은 자리에 찍혀 있고 싱글, 보기 플레이어 순으로 발자국이 퍼져서 나타난다. 그것이 결국 볼의 산포를 나타낸다. 백 스윙의 탑에서 임팩트까지 시간을 측정해 봐도 결과는 비슷하다. 프리샷 루틴까지 포함해서 시간을 측정해보면 실력 차이에 따른 산포도의 차이가 더욱 확연하다.

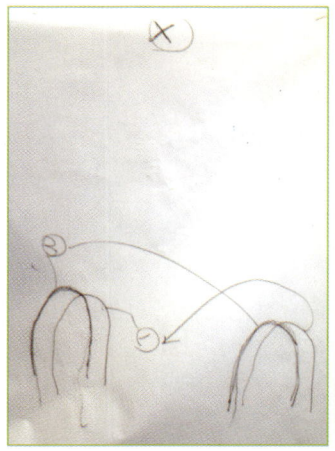

골프스윙을 완성하는 일은 국화빵처럼 남들과 똑같은 스윙을 만드는 것이 아니라 스윙 속에 숨은 변하지 않아도 되는 요소들을 확정시켜 볼의 산포를 줄여가는 과정을 의미한다. 모든 사람에게 적용할 수 있는 '바른 셋업'이라는 정답은 없다. 자신에게 맞는 것을 찾아가는 즐거운 과정이다.

스윙은

OVERSIZE

하나 다.

3 골프의 다양한 과목들

골프는 적게는 다섯 과목, 많게는 일곱 과목을
모두 공부해야 응시할 수 있는 종합시험이다.
편식이 건강을 해치듯 연습의 편중은 골프를 망친다.

들어가기

이 책의 내용을 정리하면서 퍼팅이나 쇼트게임에 관한 내용을 앞으로 놓자고 주장하는 사람도 있었다. 결국 많은 골퍼들이 풀 스윙에 관심을 두었기 때문에 시류에 맞추는 것이 좋을 듯하여 풀 스윙을 먼저 서술한 것뿐이지 가장 중요해서 앞서 설명한 것이 아니라는 점을 짚고 넘어가야겠다.

골프는 게임이다. 스코어링 게임이다. **드라이버 비거리 대회는 따로 있다** . 그런데 라운드를 하러 가면서 멋있는 한방을 기대하는 사람이 여전히 많다. 안 그런 척하지만 내심 그렇다. 의식이 정말 아니라면 잠재의식이 한방주의에 물들어 있음이 분명하다.

골프는 수단과 방법을 가리지 않고 좋은 스코어내기다. 골프 룰에 어긋나지 않기 때문에 그린 주변에서 드라이버로 어프로치를 해도 문제가 되지 않는다. 티 샷을 아이언으로 해도 되고, 동반자의 눈초리만 무시할 수 있다면 한 가지 골프 클럽으로 계속 쳐도 된다. 벙커에서 퍼터로 쳐내도 굿 샷일 수 있다. 좋은 스코어를 위한 노력이라면 어떤 기상천외한 짓을 해도 상관없다. 골프가 행복해지려면 빨리 비거리 신화로부터 벗어나야 한다. **비거리 중심주의에서 스코어 중심주의로 발상을 전환해야 한다** . 잠재의식까지도.

우리나라 골프장의 파4홀 평균거리가 350야드 정도이므로 레귤러 티 박스에서 골프를 칠 경우에 드라이버 비거리가 200야드만 나가면 싱글 골퍼가 되는 데 아무런 문제가 없다. 보기 플레이어는 더더욱 말할 것도 없다. 7번 아이언의 거리가 130에서 140야드 정도 된다면 그 또한 문제될 것이 없다(참고로 여자는 드라이버 150야드, 7번 아이언 100야드면 충분하다). 연습장 만들 땅도 없어 평지가 250야드 되는 연습장에 가려면 한 시간이나 차를 타고 가야 하는 조그만 나라에서 굳이 드라이버 거리를 250야드, 아니 그 이상 날려보겠다고 아등바등 기를 쓰는 이유는 무엇인가? 뭔가에 홀린 거 아닌가. 힘자랑할 데가 그렇게 없단 말인가? 게다가 우리나라는 땅이 좁고 산악지형이어서 한쪽은 절벽 다른 한쪽은 벼랑인 골프장이 태반이다. 바위도 많다. 고등학교 때 다 배운 거다.

그래서 오비가 많다. 다행히 오비 지역이 아니더라도 똑바로 서기조차 힘든 곳에 공이 떨어지기 일쑤다. 미국 투어 프로들의 시합을 중계하는 장면에서도 좀처럼 볼 수 없는 묘기 샷을 쳐야 한다. 접대성 골프나 친선을 목적으로 하는 골프라면 "들고 나와서 치세요!" 하지만, 1000원이라도 내기가 걸려 있으면 아무 말들이 없다. 별의별 샷을 다 볼 수 있어 박진감 넘치고 재미있기는 하다. 그러나 정말 뭔가에 홀린 게 아니라면 알 만한 사람들이 그렇게 무모한 짓을 오랜 시간 계속할 수는 없지 않을까?

골프 클럽 만드는 회사들이 만들어 놓은 함정에 빠진 것이거나, 조폭 영화를 너무 많이 봐서 그런 것이거나, 골프채로 때려주고 싶은 사람들이 많거나, 우리 사회에 널리 퍼진 속도주의, 경쟁주의, 양적 팽창주의의 산물임에 틀림없다.

가야 할 목표를 다른 데 설정해 놓고 왜 이렇게 더디냐고, 얼마나 더 가야 하느냐고 안달해 봐야 가슴만 답답할 뿐이다. 골프장에서는 스코어 좋은 사람이 왕이다. 어느 모임에서건 비슷하지만 골프 모임에 가면 골프스코어가 좋은 사람이 머리도 더 좋아 보이고 인격도 더 높아 보인다. 자기 돈 내고 바보 취급당하는 세월을 빨리 벗어나려면 처음부터 길을 잘 들어서야 한다. 이미 잘못 들어섰다면 빨리 제 길로, 게임의 본질로 돌아와야 한다. 그래야 골프가 행복해진다. 다시 한번 이야기하지만 골프의 본질은 스코어링 게임이다.

레슨을 해보면 비거리를 늘려달라고 들어오는 대부분의 사람들이 나갈 때는 "**비거리를 줄이니까 스코어가 좋아지고 골프가 행복해졌어요.**" 라며 인사를 한다. 연습 시간의 90퍼센트 이상을 쏟아 부으면서 매달리고 있는 풀 스윙이 실제 게임에서 차지하는 비중이 얼마나 될까? 16퍼센트다. **만점을 받아도 16점밖에 안 되는 과목이다.**

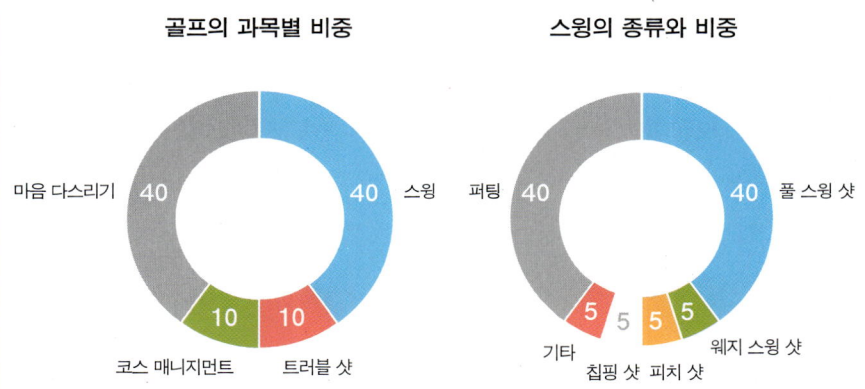

사람들은 골프에 풀 스윙과 퍼팅 과목만 있고 나머지는 시험을 치면서 적당히 익혀도 된다고 생각한다. 그런데 골프는 적어도 다섯 과목, 많게는 일곱 과목 정도를 공부해야 응시할 수 있는 종합시험이다. 휘두르기(풀 스윙), 높이 던지기(웨지 스윙 샷), 낮게 던지기(피치 샷). 낮게 던져 굴리기(칩핑 샷), 굴려 넣기(퍼팅)가 필수 과목이고, 벙커 샷과 경사면 샷은 선택과목이다. 도대체 누가 풀 스윙을 모두 익혀놓고 다른 연습으로 넘어가야 한다는 소문을 퍼뜨렸을까. 영어 공부를 다 마쳐야 수학공부를 할 수 있다거나 영어 공부를 마치기 전에 국어 공부를 하면 효과가 떨어진다는 주장인가?

풀 스윙은 그야말로 영어에 비유할 수 있다. 한꺼번에 안 되고 벼락치기로 공부하는 것도 안 통한다. 한번 어느 정도 실력에 도달했다 하더라도 꾸준히 공부해야 하는 과목이다. 그에 비해서 누구나 할 수 있지만 잘 하려면 만만치 않은 과목이 굴려넣기—퍼팅이다. 그래서 퍼팅은 국어에 비유할 수 있다. 웨지 스윙은 일명 높이 던지기 과목인데 상당히 계산적이라는 면에서 수학에 비유할 수 있다. 이 과목의 특징은 한번 공부해 놓으면 오랫동안 유효하다는 것이다.

낮게 던지기—피치 샷과 낮게 굴리기 과목—칩핑 샷은 사회탐구나 과학탐구와 같은 암기과목이다. 점수 배점은 적지만 국어 점수에 미치는 영향이 대단히 커서 국어보다 더 필수적인 과목이다. 영어 점수 5점을 올리기 위해서는 몇 날 며칠을 고생해야 하지만 암기과목은 한번 바짝 공부해 두면 언제나 효자 노릇을 한다.

공부에 순서가 있을 리 없지만 사실 먼저 공부해야 한다면 퍼팅부터다. 운동으로서의 기술적인 난이도 면에서도 퍼팅이 가장 쉽고 다음이 칩핑 샷, 그 다음이 피치 샷, 웨지 샷, 풀 스윙 순이다. 영어 공부만 열심히 하더니 시험을 보고 성적이 좋지 않다고 다시 영어에 매달리는 아이가 있다면 바라보는 부모의 심정이 어떨까? 당신이 부모라면 가만히 놔두겠는가? 문제를 하나 풀어보자.

미국의 주니어 프로의 상금 랭킹과 가장 유사한 통계는 무엇일까?

1. 드라이버 비거리 순위.
2. 드라이버 페어웨이 킵핑률 순위.
3. 레귤러 온 그린 율 순위.
4. 게임당 평균퍼팅 수 순위.
5. 70미터 이내에서 핀 3미터에 붙이는 능력 순위.

답은 5번이다. 이는 데이비드 펠츠라는 미국 나사 출신 과학자가 연구한 결과다. 이 조사는 프로들이 연습할 때 거의 대부분의 시간을 쇼트게임 연습에 할애하는 이유를 보여준다. 또 다른 연구에 따르면 드라이버 샷 한 타의 실수가 전체 스코어에 미치는 영향은 0.4타에 불과하고 아이언 풀 스윙의 실수 한 타도 0.6타에 불과하다고 한다. 쇼트게임의 실수로 가면 갈수록, 홀 컵에 접근하면 할수록 그 비중이 커져서 퍼팅에 이르면 한 번 실수가 바로 한 타 손해로 이어진다. 드라이버나 아이언의 실수는 만회할 기회가 있지만 쇼트게임의 실수는 만회할 기회가 없다.

퍼팅 이외에 외견상 비슷한 스윙들을 각각 이름 붙이고 전혀 다르다고 하는 이유를 하나하나 살펴보자.

3 +1 풀 스윙과 쇼트게임 스윙의 본질적인 차이

퍼터를 제외한 각각의 클럽은 연습량이 어느 정도 되면 자신이 어느 정도 거리를 보낼 수 있는지 대략 결정이 된다. 가능하면 풀 스윙으로 하는 것이 가장 정확하다. 풀 스윙으로 보낼 수 없는 거리가 남았을 때부터 쇼트게임 스윙이 시작된다. 남자는 대개 70~80야드부터고 여자는 60~70야드 이내를 의미한다.

많은 골퍼들이 쇼트게임 스윙을 풀 스윙의 축소판이라고 생각한다. 그래서 하프 스윙이니 컨트롤 스윙이니 하는 말들이 생겨났다. **쇼트게임 스윙은 풀 스윙의 축소판이 아니다**. 인간이 원숭이와 비슷하더라도 절대 원숭이가 아니듯이 외견상 비슷할지는 몰라도 **본질**은 다르다.

다섯 가지 과목 중 풀 스윙이 운동 면에서 가장 복잡하다. 그런데 그 복잡한 것을 줄여 짧은 거리를 보내면 복잡한 것을 더 복잡하게 만드는 꼴이다. 풀 스윙 자체가 하나의 덩어리로 구조화 되도록 많은 시간과 노력을 기울여 연습하고 실전에서 가다듬었는데 그것을 반으로 줄여서 한다는 것은 풀 스윙보다 더 복잡한 하나의 독립된 스윙을 만드는 것이다. 너무나 복잡한 스윙이기에 얼토당토 않은 샷을 하고야 만다.

풀 스윙은 휘두르기다. 좀더 정확히 표현하자면 걸으면서 휘두르기다. 그냥 휘둘러도 될 일을 걸으면서 하는 이유는 멀리 보내기 위해서다. 무조건 멀리 보내는 것이 아니라 힘을 가능한 한 적게 들이면서 공을 멀리 보내기 위해 체중이동을 한다. 체중이동이 원활하지 않으면 용을 써야 멀리 가지만 체중을 옮기면서 휘두르면 쉽게 멀리 보낼 수 있다. 투수가 제자리에서 공을 던지는 야구를 상상해 보라! 야구가 정말 재미없을 것이다. 제자리에 서서 테니스 공을 친다면 그렇게 강한 스트록을 구사할 수 있을까?

체중이동을 굳이 걷는 행위에 비유하는 데는 이유가 있다. 레슨을 하다 보면 체중이동을 너무 어려워하고 잘 못하는데, 사실 우리는 걸으면서 하루에도 몇천 번씩 아무런 혼란도 없이 체중이동을 하고 있지 않은가? 그래서 "걸으면서 휘두른다고 생각하고 휘둘러 보세요." 하니 모두 쉽게 이해하고 편해했다. 그 다음부터 풀 스윙을 **걸으면서 휘두르기** 라고 정의하게 되었다.

> 서부 영화에 나오는 말굽던지기를 보더라도 그렇고 땅에 구멍을 파놓고 구슬을 던져 넣는 놀이를 할 때도 자연스럽게 팔을 밑에서 위로 움직여 던진다. 멀리 던지기 외에는 다 밑에서 위로 던진다. 정확히 던지려면 누가 뭐라고 하지 않아도 스스로 몸(축)의 움직임을 통제한다.

그런데 쇼트게임 스윙의 목적은 멀리 보내기하고는 거리가 멀다. 조금 보내더라도 정확히 보내는 것이 목적이다. 그래서 걸을 필요가 없다. 체중이동을 할 필요가 없는 것이다. 아니 체중이동을 해서는 안 된다. 풀 스윙에 앞서 쇼트게임 스윙을 배웠더라면 더 쉽고 빨리 배웠을 텐데 어떻게 된 영문인지 우리나라에서는 풀 스윙을 먼저 배운다. 그래서 쉬워야 할 쇼트게임 스윙이 더 이상하고 어색한 스윙이 되어버린다.

체중을 옮길 필요가 없다는 것은 여러 가지 의미를 함축한다. 우선 축을 움직이지 않는다는 것을 의미하고 축을 움직이지 않으므로 공이 놓이는 위치도 풀 스윙과 달라야 한다. 왼발 뒤꿈치를 기준으로 공을 놓았던 풀 스윙이 몸의 중심을 왼쪽으로 옮겨갈 것을 전제로 했다면 쇼트게임 스윙은 축을 움직이지 않으므로 몸의 중앙에 공을 놓아야 한다.

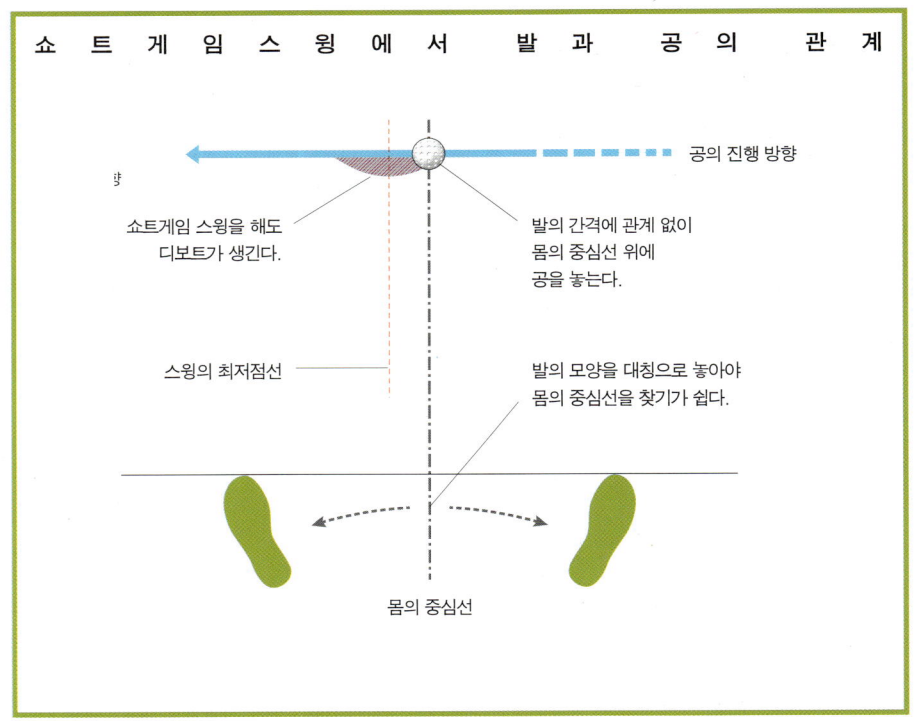

풀 스윙이 오로지 휘두르고 지나간다는 것말고는 생각할 게 없다면 쇼트게임 스윙은 던진다는 것 외에는 생각할 필요가 없다. **쇼트 게임은 던지기다**. 오버헤드가 아니라 소프트볼에서처럼 언더스로우로 던진다. 오버헤드로 던지면 거리를 내기는 쉬워도 런이 많아 홀 컵 근처에 멈춰야 하는데 멈추게 할 방법이 없다. 풀 스윙만 하더라도 자연스레 휘두르기가 몸에 배지 않아 생고생을 하는데 그것을 줄이는 스윙까지 하라니!

> 목표를 정해놓고 던져넣기 게임을 하는 것이 실제 쇼트게임 능력 향상에 큰 도움이 된다.

'백 스윙을 반만 하라 그랬지. 아니 그렇게 하면 너무 큰가?', '쿼터만 할까? 아니 그 중간쯤이 좋겠어.' 생각하고 고민하고 망설이느라 방향이고 거리고 목표의식이고 어딘가로 도망가 버리고 없다. 목표에 집중하고 몰입하라는데 공을 쳐다보면서 걱정만 한다. 도무지 몸을 믿고 맡기지 못한다. 그러나 몸은 이미 알고 있다.

약 20미터 거리에서 목표를 하나 정하고 공을 던져 목표에 가까이 붙이기 내기를 하자고 하면 서너 번 정도는 실수를 한다. 하지만 다섯 개째부터는 목표 근처에 아주 가까이 가져다 놓는다. 그것이 흙 바닥이든 콘크리트 바닥이든 잔디든 마찬가지다. 서너 개의 공을 던지는 사이 모든 조건을 파악하는 것이다. 놀라운 능력이다. 몇 차례 시도한 결과를 놓고 서로 토론해 보면 쇼트게임의 본질을 쉽게 파악할 수 있다.

던지기 놀이를 할 때 사람들은 목표에 붙여야겠다는 것 이외에 아무 생각이 없다. 백 스윙 크기도 폼도 생각하지 않는다. 그런데 골프채만 쥐면 엉망이 되는 이유가 손으로 하지 않아서 그런가? 절대 그렇지 않다. 손이 아니어도 조금만 해보면 손과 팔의 감각을 쉽게 클럽의 끝으로 가져갈 수 있다. 종이를 말아 파리를 잘 잡는 사람이 파리채를 든다고 엉뚱한 데를 때리거나 생크를 내지는 않는다. 돌로 못을 잘 박는 사람이 망치를 들었다고 자기 손을 내리찍지도 않는다. 손만큼 자유자재로 사용하기까지 많은 연습이 필요하겠지만 골프처럼 막대한 시간을 요하지는 않는다. 쇼트게임 스윙이 어렵고 홀 컵 근처에 가서 푸닥거리는 이유는 접근방법이 전혀 잘못되었기 때문이다.

쇼트게임 스윙은 단순한 던지기다. 손으로 던지는 감각을 충분히 익히고 똑같은 감각으로 클럽을 잡아보면 쉽다.

풀 스윙과 마찬가지로 쇼트게임 스윙도 한 손으로 한다. 두 손으로 정교한 감각을 낼 수는 없다. 주된 손이 오른손이고 왼손과 왼팔이 보조 역할을 한다. 불완전한 한 손으로 해도 잘 되니 두 손으로 하면 더 잘 되는 것이 당연한데 처음부터 두 손으로 하면 자세가 어색해 절대 잘할 수 없다.

쇼트게임 스윙의 종류

높.게.던.지.기.그.냥.던.지.기.
낮.게.던.져.굴.리.기.의.차.이

쇼트게임의 종류는 앞서 설명한 바와 같이 높이 던지기, 보통 던지기, 낮게 던져 굴리기가 있다. 홀 컵이 그린 위에 놓여 있는 상황이 각기 다르기 때문에 몇 가지 다양한 던지기 방법을 연습해 놓는 것이다. 더 여러 가지가 있을 수 있지만 크게 세 가지 정도로 구분해 연습하면 나머지는 상황에 맞춰 충분히 응용이 가능하다. 벙커 바로 뒤에 핀이 꽂혀 있어 떨어진 공이 굴러가 홀 컵에 붙게 할 수 없다면 높이 던지기를 하고, 거리는 꽤 있는데 핀과 공 사이에 아무런 장애가 없다면 그냥 보통 던지기를 해 날아가서 어느 정도 구르다 멈추는 샷을 구사하는 편이 유리하다.

인간은 공간적인 거리감보다 평면상의 거리감이 뛰어나기 때문에 쇼트게임을 할 때 무조건 굴리는 쪽을 먼저 고려하는 것이 좋다. 그린 주변에 공이 떨어져 공에서 홀까지 아무런 장애가 없다면 낮게 던져 굴리는 것이 당연히 유리하다.

웨지 샷을 높이 던지기, 피치 샷을 그냥 던지기, 칩핑 샷을 낮게 쳐 굴리기라고 설명하는 이유는 풀 스윙을 설명하면서 강조했듯 언어에는 운동정보가 담겨 있기 때문이다. 네이티브 스피커 수준의 영어를 구사하는 사람이 아니고서는 영어에서 아무런 운동정보도 얻을 수 없다. 말만 들어도 어떻게 해야 하는지 그냥 알 수 있는 아름답고 좋은 우리말을 놔두고 가르치는 사람과 배우는 사람이 서로 고생할 이유가 없다.

풀 스윙과 마찬가지로 치거나 때리거나 찍는 개념으로 공을 대하면 안 된다. 거리나 방향을 제어하기가 정말 힘들어진다. 당구를 칠 때 흔히 하는 말로 힘 조절이 안 된다. 던지기는 그야말로 그냥 던지기다. 자꾸 던지다 보면 운동 원리를 그대로 파악할 수 있다. 던지기에 익숙해지면 클럽으로 해보고 클럽으로 하는 것이 어색하면 다시 던지기를 해보면 된다. 단지 목표방향을 향해 서지 않고 목표방향에서 90도 돌아서서 시작할 뿐이다. 처음 서 있는 방향의 어색함이란 그리 문제가 안 된다. 몇 번만 연습하면 익숙해진다.

3+3 쇼트게임 스윙들의 공통점과 차이점

그 . 린 . 주 . 변 . 의 . 복 . 잡 . 한 . 환 . 경 . 에 .
대 . 처 . 할 . 다 . 양 . 한 . 무 . 기 . 들

높이 던지기(wedge control shot)는 남자를 기준으로 40야드에서 80야드를 높이 띄워 보내는 샷이다. 그러기 위해서는 클럽을 걸으면서 휘둘러야 하는 풀 스윙만큼은 아니지만 상당한 헤드스피드가 요구된다. 높이 던지기를 하는 이유 중 하나가 그린에 떨어져 공이 굴러가는 것을 최소화하는 것이기 때문에 백 스핀도 상당히 걸려야 한다. 그래서 던지기 중에서 높이 던지기가 유독 손목의 코킹을 이용한다. 결과적으로는 풀 스윙과 가장 비슷해 보이는 샷이다. 물론 손목의 움직임을 최소화할 수도 있고 그것이 방향을 조절하는 데 더 좋을 수도 있다. 하지만 원하는 만큼의 탄도를 내기 위해서는 또 다른 복잡한 기술을 써야 하고 손목의 자유로운 움직임으로부터 나오는 헤드의 가속을 더 많은 힘을 써서 보충해야 하므로 아무래도 거리에 오차가 많이 발생할 가능성이 있다. 역시 선택의 문제다.

보통 던지기(pitch shot)는 30야드부터 가장 멀리 던진다 하더라도 50야드를 넘지 않는 거리에서 이뤄지는 샷이다. 홀 컵에서 그다지 거리가 멀지 않기 때문에 거리와 방향 모두 높이 던지기에 비해 더 정교해야 하고 긴장도가 점점 높아지므로 가능하면 작은 근육의 움직임을 절제할 필요가 있다. 손목의 움직임을 최소화하여 결과적으로는 공이 떨어지면 어느 정도 굴러갈 수밖에 없다. 쇼트게임 스윙의 가장 표준적인 부분이다. 보통 던지기에서 손목을 코킹하면서 백 스윙을 좀더 많이 가져가면 높이 던지기가 되고 몸의

움직임을 더 통제하면서 백 스윙의 크기를 줄이면 낮게 던져 굴리기, 즉 칩핑 샷이 된다.

낮게 던져 굴리기 (chipping shot)는 그린 주변에서 주로 쓰는 샷이다. 일명 러닝 어프로치라고 한다. 던진다기보다 굴리는 느낌에 더 충실해야 한다. 정교하기로는 퍼팅과 동일한 수준을 요한다. 퍼팅보다 짧은 칩 샷을 해야 하는 경우도 종종 있고, 멀어 봐야 그린의 크기를 넘어서지 않는다(참고로 투 그린의 경우는 그린이 30야드, 원 그린의 경우 50야드에 가까운 그린도 있다).

라운드를 하다 보면 사람들이 퍼팅은 신중하게 하면서 칩핑은 적당히 하는 경우를 자주 보게 된다. 먼 퍼팅보다 가까운 칩핑이 홀 컵에 들어갈 확률이 높다는 것을 모르나? 퍼팅과 동일한 정도의 지위를 부여해야 하기 때문에 몸의 움직임을 원천적으로 더 통제해 놓고 던지기를 시도하는 것이다. 그래서 약간 몸을 틀어 두 무릎을 붙이고 움직이지 못하게 한다. 하체를 약간 틀어 몸을 고정하면 된다. 그 정도 조치를 해놓은 것으로 충분하니 이제는 목표에 온 마음을 쏟으면 된다. 손목의 움직임도 더욱 절제해야 하는 것은 말할 필요도 없다. 퍼팅과 마찬가지로 손목의 작은 움직임이 치명적인 실수로 이어질 염려가 있다.

쇼트게임에 사용하는 대표적인 세 가지의 샷이 100점 만점의 시험에서 차지하는 비중은 20점 정도다. 하지만 40점 배점의 퍼팅에 미치는 영향을 고려할 때 배점과 빈도수만 놓고 가볍게 여길 수 없는 부분이다. 실수해서 핀 옆에 붙이지 못하면 3퍼팅을 해야 하지만 갖다 붙이면 오케이도 받을 수 있다.

각기 다른 세 가지 샷의 공통점은 모두 몸의 축이 움직이지 않으며 클럽의 무게만으로 공을 친다는 것이다. 실제 레슨에서 프로들이 몸의 축을 움직이지 말라고 엄청 강조한다. 그러면 일단 몸이 굳어버려 자연스러움이 사라진다. 주의를 주면 움직이지 말아야겠다는 생각이 샷을 방해한다. **본말이 전도된 레슨**의 대표적인 예라 할 수 있다. **움직이지 말아야 하는 것이 아니라 자꾸 언더스로우로 던지다 보면, 보다 정교하게 던지려고 노력하다 보면 움직이지 않게 된다**. 다트게임을 하면서 머리를 앞뒤로 흔드는 사람을 본 적 있나? 유원지에서 농구게임을 해 인형 하나라도 받아 오려면 누구나 필요한 부분 이외에는 움직이지 않고 공을 던진다. 쇼트게임을 하면서 몸을 필요 이상 움직이는 사람은 잘 던지겠다는 것 외에 딴 마음을 먹고 있든지 아니면 던지기 연습이 절대적으로 모자라서 그런 것이다.

돌아서서 붙여놓은 것으로 잊어버려야 하는데 많은 골퍼들이 그것만으로도 모자라 움직이지 말아야지 말아야지 하는 생각 때문에 정작 공을 정확히 맞추지도 못하는 장면을 많이 볼 수 있다.

던지기를 하는 팔의 부드러움과 손목의 유연함이 클럽을 잡고서도 그대로 유지되어야 한다. 중력과 리듬만으로도 충분히 거리를 낼 수 있다. 힘으로 거리를 조정하려고 들면 안 된다. 던지기를 해보면 자연스레 백 스윙과 팔로우의 크기로 거리를 조정하고 있음을 알 수 있다. 몸이 이미 알고 있는 것이다. 광고 문구대로 **당신만 모르고 있다**.

높게 던지기든, 보통 던지기든, 낮게 던져 굴리기든 세 가지 백 스윙 크기를 연습해 놓고 네 가지 클럽을 사용하면 열두 가지 거리와 구질을 갖게 된다.

보기플레이어는 쇼트게임에서 70야드, 50야드 30야드를 보내는 확실한 자기 샷이 있는 사람을 의미하고, 싱글플레이어는 100야드 단위의 샷을 가진 사람을 의미한다. 프로는 50야드 단위의 샷을 구사할 수 있어야 한다.

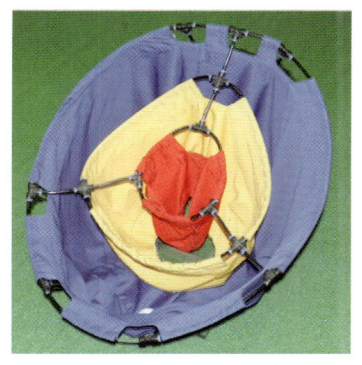

칩핑 샷을 재미있게 연습할 수 있도록 개발한 칩핑 다트. 상품화하는 데는 실패한 작품.

모든 샷을 감각에 의존하려고 하면 내기가 커지거나
한 타 차이로 성적에 많은 차가 나버리는 등 정신적
인 압박이 심해지는 상황에서는 평온한 상태에서 그토록 좋던 감도 잘 살아나지 않는다. 10야드 단위의 던지기가 기계적인 동작이 되도록 철저히 연습해 놓고, 거기서 약간 더 가고 덜 가는 정도를 감으로 알 수 있도록 연습해야 한다. 이 때의 감이라는 것도 백 스윙의 크기와 그립을 잡는 위치로 미세 조정을 하는 것이지 절대 힘이나 스피드로 조정하는 것이 아니라는 점을 명심해야 한다.

3 퍼팅에 대하여

퍼.팅.은.굴.리.기.다

퍼팅은 때리는 것입니까, 미는 것입니까? 레슨에 종사해 본 사람이 가장 많이 들은 퍼팅에 관한 질문일 것이다. 쇼트 퍼팅은 때리고 롱 퍼팅은 밀어치고? 어디까지가 쇼트 퍼팅이고 어디까지가 롱 퍼팅인가? 내리막은 밀고 오르막은 때리고? 뭐가 그리 복잡한가. 각각의 주장이 일면 진실을 담고 있지만 다 틀린 이야기다.

퍼팅은 굴리기다. 퍼팅은 골프라는 게임 속에 있는 다른 샷들과 형태적으로나 내용적으로 너무 다르다. 그래서 퍼팅을 게임 속의 또 다른 게임이라고 한다. 독립된 게임으로 즐겨도 될 정도다. 그런데 퍼팅이 무엇을 하는 게임인가? 바로 **홀컵에 굴려 넣기 게임**이다.

> 큰 공을 가지고 퍼팅을 해보면 때리는 것과 미는 것, 그리고 굴리는 것의 차이를 확연히 알 수 있다.

101

골프 공으로는 사실 때린다거나 민다거나 굴린다는 말이 갖는 미묘한 어감의 차이를 명확하게 인식하기가 쉽지 않다. 공의 무게나 크기 때문이다. 우리는 처음 퍼팅을 레슨할 때 테니스 공을 사용한다. 그래도 감을 못 잡는 사람은 배구공이나 비치 볼을 쓰면 좋다. 비기너들에게조차 "공을 때려보세요!" 하면 때린다. "밀어보세요!" 하면 민다. "공을 굴려보세요!" 하면 굴린다. 더 많은 운동적인 접근이 있을 수 있지만 우선 세 가지 경우를 연습해 보면 제각기 판이하게 다른 운동이라는 사실을 아무리 몸치라도 쉽게 이해한다.

> 퍼팅 연습만큼은 보조 도구들이 큰 역할을 한다.
> ▼ 팔을 고정하고 어깨로 공을 치는 느낌을 잘 느낄 수 있도록 해주는 도구
> ▼▼ 공 위에 시선이 있도록 돕는 'Truth Board'
> ▼▶ 스위트 스팟에 공이 맞는지 피드백해 주는 장치

풀 스윙에서 설명한 바와 마찬가지로 '때린다'는 명령어는 끊음과 멈춤이라는 동작을 포함한다. 그리고 백 스윙에 비해 현저하게 팔로우 스윙이 작아진다. 미는 동작은 공과 거리를 멀리하지 못한다. 공하고 거리가 멀어져서는 밀 수 없음을 본능적으로 아는 것이다. 짧게 백 스윙해서 온전히 힘으로 밀게 된다. '굴린다'고 해야 비로소 부드러운 스윙이 된다. 시계추와 같은 운동이 되고 클럽의 무게를 잘 이용하게 된다. 백 스윙에서 약간 속도가 빨라지면서 공을 지나치게 되고 팔로우도 커지면서 자연스레 끝을 약간 들어올리게 된다.

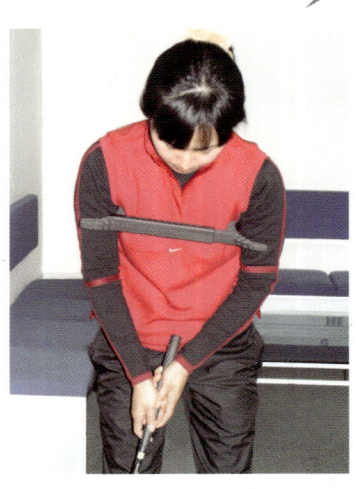

굴리기가 거리와 방향 조절에 가장 좋다는 것은 오랜 경험의 결과이기도 하고 실험의 결과이기도 하다. 테니스 공으로 충분히 연습하면 골프공으로 대신해도 어렵지 않게 굴리기 스윙을 할 수 있다.

퍼팅이 국어 과목이라는 설명을 기억할 것이다. 어떻게 해도 홀 컵에 잘 넣기만 하면 된다. 퍼팅만큼 자기류로 발전하는 것도 없다. 자기만의 독특한 노하우! 좋다. 사실 하고 싶은 대로 해도 상관 없다. 꾸준히 그대로 밀고 나가면 된다.

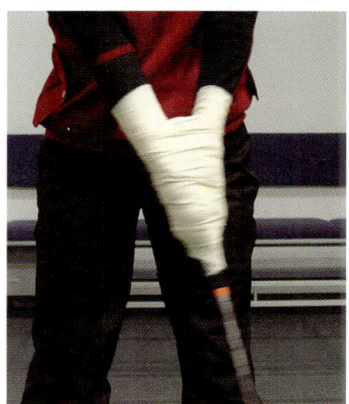

나쁜 퍼팅 자세나 습관보다도 더 나쁜 것은 연습하지 않는 것이다. 적어도 퍼팅만큼은 연습의 절대량이 스윙이나 폼의 완성도보다 훨씬 중요하다. 그런데 굳이 레슨을 하는 이유는 시행착오가 적고 안정감이 높고 유지관리 비용이 적게 드는 것을 권할 수밖에 없어서다. 유지관리 비용이 적게 드는 퍼팅을 하기 위해서는 세 가지 원칙이 있다.

손목뿐 아니라 팔 전체에 기브스를 했는데 퍼팅을 해야 한다면 무엇으로 공을 칠 것인가? 바로 어깨의 움직임만으로 공을 굴릴 수 있다.

하나. 손이나 팔이 아니라 어깨의 움직임으로 굴릴 것.
둘. 눈 밑에 공을 두고 굴릴 것.
셋. 어깨 밑에 손이 오도록 한 자세로 공을 굴릴 것.

세 가지 원칙을 지키는 선에서라면 어떤 폼이라도 상관 없다. 연습만 많이 하면 된다. 퍼팅을 할 때 방향이 맞고 거리가 맞으면? 홀 컵에 들어간다.

짧은 퍼팅일수록 방향이 문제이고 거리가 멀어질수록 거리감이 문제가 된다. 그래서 쇼트 퍼팅은 서는 게 반이라고 한다. 롱 퍼팅에서 거리를 어떻게 통제할 것인가. 이는 쇼트게임의 일반적인 원칙과 동일하다. 암기할 필요 없다. 해보면 안다. 굴리기를 해봄으로써 멀리 굴리려면 자연히 백 스윙을 크게 할 수밖에 없음을 안다. 단, 언제나 감으로 하기에는 정신적 압박이 크기 때문에 적어도 다섯 걸음 단위의 자기 스윙을 만들어 놓을 필요가 있다.

프로골퍼들이 골프가 어려워 투어생활을 못 하겠다고 하면 이유는 대부분 퍼팅이 어려워서다. 그것도 1미터 퍼팅이 어려워서 그렇다. 이를 퍼팅 입스라고 한다. 입스에 심하게 걸리면 백 스윙이 아예 안 된단다. 생각이 운동을 지배해 버리기 때문이다. 좌뇌가 지나치게 혼란에 빠져 우뇌가 활동할 수 없게 된 결과다. 아무리 드라이버를 잘 치고 아이언 샷을 기가 막히게 해도 퍼팅에서 한 타를 까먹어버리면 푸덕푸덕 하면서 세 번 만에 온 그린을 시킨 사람과 동일한 결과를 낳게 된다.

내기를 하지 않았어도 꼭 넣어야 할 상황이 있게 마련인데 그럴 때 가장 어렵게 느껴지는 것이 퍼터다. 샷이 클수록 운동적인 요소가 많고, 작을수록 정신적인 영향이 커진다. 이런 정신적인 압박으로부터 벗어나려면 상대적으로 강한 스윙과 방법으로 퍼팅력을 키워놓지 않으면 안 된다. 그래서 큰 근육으로 연습하라는 것이고 다섯 걸음 단위의 스윙을 미리 몸에 기억시켜 놓자는 것이다.

다섯 걸음도 감으로 하고 스무 걸음도 감으로 하는 것이 아니다. 다섯 걸음, 열 걸음, 열다섯 걸음, 스무 걸음은 기계적으로 만들어 놓고, 일곱 걸음과 스물두 걸음, 그리고 오르막일 때 몇 걸음을 더 볼 것인가, 내리막일 때 몇 걸음을 덜 볼 것인가를 감으로 해야 한다. 안 그래도 감으로 판단해야 할 것이 많은 퍼팅에서 거리마저 감에 의존하면 부담이 너무 커진다.

퍼팅이 안 되어 스코어를 망쳤다면 무엇이 문제인지 알아야 하는데 감이 안 좋았다고만 한다. 또 그러면 감을 키워야 하는데 그놈의 감이 따먹는 감도 아니고 어디 가서 살 수 있는 것도 아니라 퍼팅이 어렵다는 이야기만 횡횡한다. 운전면허시험을 보고 와서는 무엇이 잘못 되어서 떨어졌냐고 물으면 그저 운이 안 좋아서 떨어졌다고 이야기하는 것과 같다. 퍼팅의 실수란 그 원인도 다양할진대 그저 감이 안 좋아서라니 참 대책이 안 서는 분석이다. 분석이 안 되니 처방도 없다. 어디 가서 기도를 해야 하나 굿을 해야 하나. 원인 분석이 안 되니 그나마 '연습이나 열심이나 하자'. 좋다고 분석하고 연습 안 하는 것보다는 분석을 안 하더라도 열심히 연습하는 편이 열 배 백 배 좋다.

퍼팅 연습을 재미있게 하기 위해서 디자인 했던 제품

3 +5 벙커 샷에 대하여

헤.드.스.피.드.로.
거.리.를.조.절.한.다

벙커 샷은 쇼트게임 스윙의 높이 던지기와 같다. 그런데 굳이 별도의 샷으로 설명하는 이유가 있다. 스윙은 높이 던지기 스윙이지만 전혀 다른 마음으로 샷을 해야 하기 때문이다. 골프에 사용하는 모든 스윙 중에서 벙커 샷은 유일하게 공을 건드리면 안 되는 샷이다. **공 밑으로 지나가는 빈 스윙**을 해야 하는 것이다.

과거 프로들은 모래를 같이 퍼 낸다는 이미지로 벙커 샷을 가르쳤다. 그런데 최근 이론에 따르면 모래를 퍼내는 샷으로는 거리와 방향을 제어하기 어렵기 때문에 공 밑으로 클럽을 지나가게 한다는 이미지로 스윙을 하라고 권한다. 미국 PGA 시합에서의 벙커 샷을 살펴보면 과거에 비해 그린 위로 퍼 올려지는 모래의 양이 많지 않고 바닥으로 낮게 깔리면서 퍼지는 장면을 볼 수 있는데, 미국 프로들 사이에서도 **디그 앤 푸시 샷**에서 **스쿠트 앤 스핀 샷**으로 변화했음을 보여준다. 공 밑으로 클럽이 날렵하게 지나가면 모래가 퍼 올려지는 것이 아니라 클럽이 모래를 때려 모래가 주변으로 낮게 퍼진다고 해서 **익스플로전 샷**이라고도 한다.

벙커 샷을 위해 별도로 샌드웨지라는 것이 있는데 잘 살펴보면 바닥에 닿는 부분이 다른 클럽에 비해 훨씬 두툼하다. 이 부분을 바운즈라 한다. 클럽이 공 밑을 지날 때, 모래 속으로 클럽이 너무 깊이 박히는 것을 방지하기 위한 것이다.

실제 익스플로전 샷을 해보면 모래를 퍼 올리는 샷보다 훨씬 쉽게 거리와 방향을 제어할 수 있고 실수에 대한 허용범위도 넓다. 즉 과거 퍼 올리기 벙커 샷은 공 뒤 2센티미터 정도를 파고들어 모래를 공과 함께 퍼 올려야 했는데 익스플로전 샷은 2~10센티미터 사이를 적당히 파고들어도 구질에 차이가 있을 뿐 결과적으로는 별다른 차이가 발생하지 않는다. 모래를 퍼내려면 상당한 힘이 필요하기 때문에 몸에 잔뜩 힘이 들어가게 마련인데 익스플로전 샷은 그런 부담이 없다.

여기서도 명심할 점은 스윙은 한 가지라는 사실이다. 벙커 샷 스윙이라고 특별한 것이 없다. 다른 클럽이 만드는 스윙의 최저점 위치나 벙커 샷이 만드는 최저점의 위치나 마찬가지다. 그런데 공을 맞힐 것이 아니기 때문에 공은 가능한 한 왼발 쪽에 놓는 것이 안전하다. 결과적으로 드라이버 샷을 할 때의 위치 정도에 공을 놓고 샷을 하는 것이다.

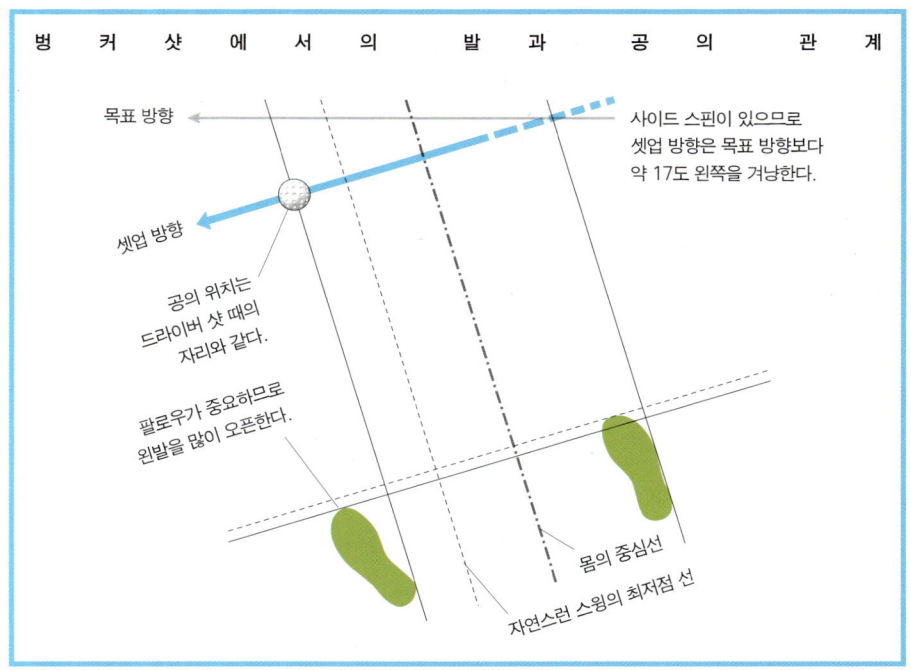

벙커 샷과 깊은 러프에서의 샷을 실내에서 연습할 수 있게 만든 매트.

또 한 가지 유의할 점은 **골프의 모든 샷 중 유일하게 헤드스피드로 거리를 조절하는 샷**이라는 사실이다. 가까운 거리는 부드럽게 공 밑을 지나가고 거리가 멀면 그보다 훨씬 날렵하게 통과해야 한다. 세 가지 스피드를 미리 연습해 실전에서 활용하면 좋다.

맨날 공을 맞히는 연습만 하다가 맞히지 않으려니 심리적인 부담이 커서 실수들을 한다. 허용오차 범위가 워낙 큰 샷이어서 새벽에 초등학교 운동장에서 한 시간씩 두세 번 정도만 연습하면 1년은 유용하게 써먹을 수 있는데, 그 시간을 낼 수 없어 늘 부담감을 안고 벙커에 들어가는 것이다.

나가기

최경주 선수는 시합이나 연습 라운드가 없는 날이면 하루에 여덟 시간을 연습한다고 한다. 무슨 연습을 어떻게 할까? 아마추어들처럼 드라이버나 아이언 풀 스윙 연습을 하루에 여덟 시간씩 하나? 그렇지 않을 것이다. 스트레칭도 하고 웨이트트레이닝 도 하고 명상도 하고, 빈 스윙 연습을 많이 할 테고, 또 대부분 쇼트게임 연습에 몰입할 것이다. 풀 스윙으로 해결할 수 없는 각 샷의 거리와 상황을 5야드 단위로 나눠 샷 종류별, 클럽별로 기계적인 동작을 연마할 것이다. 소렌스탐도 타이거 우즈도 마찬가지이다.

골프가 어려운 이유는 다양한 과목을 공부해야 하는 종합시험이기 때문이다. 풀 스윙을 다 공부하고 쇼트게임 과목을 공부하는 것이 아니라 처음부터 함께 연습하고 연구해야 한다. 풀 스윙을 모두 마스터하고 나머지는 적당히 그것을 줄여 응용하면 되는 것도 아니다. 본질이 다른 과목들이다. 풀 스윙은 휘두르고 지나가는데 공이 맞아주는 것이라는 마음으로, 쇼트게임 스윙은 공을 던진다는 마음으로 해야 한다. 퍼팅은 굴려 넣겠다는 마음이고, 벙커 샷은 공 밑으로 채 휘두르기, 즉 공을 맞히지 않겠다는 마음이다.

세상 일이 마음먹기에 달렸다면 절대 딴마음을 먹어서는 안 된다. 마음을 달리 먹으면 전혀 다른 운동이 되어버리고 만다. 그저 휘두르고 지나가면 칠 것을 때리려고, 똑바로 보내려고, 멀리 보내려고, 멋있게 보내려고, 잘 보내려고 마음먹는 것이 모두 딴마음을 갖는 것이고 결국 실수로 이어진다. 쉬운 골프 스윙을 어렵게 만들 뿐이다. 샷별로 가장 단순화된 마음 하나로 스윙하는 연습, 그것이 싱글로 가는 왕도다.

골프는

마음먹기 에 달렸다.

4 좋은 연습 습관

열심히 일하는 것보다
현명하게 일하는 것이 중요하듯이
열심히 연습하는 것보다
지혜롭게 연습하는 것이 더 중요하다.

들어가기

좋은 운전습관이 목숨을 지킨다면 좋은 연습습관은 골프를 행복하게 만든다. 실내 연습장은 더 많이 들어서고 있지만 실외연습장은 서울 시내에서 점차 외곽으로 이전하는 추세다. 공이 날아가는 것을 볼 수 있는 연습장은 마음먹고 30분 이상 움직여야 갈 수 있는 것이 대한민국 골퍼의 현실이다.

연습 한 시간 하려고 두 시간 이상을 써야 한다면 연습 자체가 소중한 시간이어야 한다. 필드에 나가 멋진 샷을 하기 위한 연습이기도 하지만 생활에서 차지하는 비중을 생각해 볼 때, 연습 그 자체로도 기쁨을 느낄 수 있어야 한다. 미래를 위해 현재를 희생하는 것이 아니라 현재가 즐거울 수 있어야 하지 않을까?

매일 한 시간씩 등산하는 것이나 달리기나 속보를 하는 것과 비교해 보라. 한 달이 지나고 두 달이 지나면서 몸의 긍정적인 변화를 확연하게 느낄 수 있을 것이다. 그런데 대부분 골퍼는 연습을 많이 하는 사람일수록 몸이 좋아졌다는 이야기보다 여기저기 탈이 났다는 이야기를 더 많이 듣게 된다. 연습이 잘못되어서 그렇다.

박찬호가 투구 연습을 하면서 구속을 더 늘리려고 150마일을 넘나드는 스피드로 하루를 계속 연습했다면 다음 날로 프로야구계를 떠나야 할 것이다. 투구 연습을 시작하기 전에 스트레칭을 충분히 하는 것은 물론이고 실제 투구 연습에 들어가면 폼은 완전하게 하면서 슬로우 모션으로 공을 던지는 연습을 총연습의 80퍼센트 이상 던진다. 시합에 나가 투구를 하더라도 공을 100개 이상 던지게 하는 경우는 거의 없다.

연습장에 가보면 시간에 쫓겨 스트레칭도 없이 하나라도 공을 덜 쳐서 손해를 볼까봐 있는 힘을 다해 허리야 끊어져라 하고 연습을 한다. 땀을 뻘뻘 흘리면서 공을 쳐대는 것을 보면 공하고 전생에 무슨 원수가 진 사람들임에 틀림없다는 생각이 든다. 그것도 몸에 무리가 없는 자연스런 스윙이 아니고, 손목이나 어깨, 허리에 엄청나게 스트레스를 주는 억지 스윙이다. 연습 장면을 보고 있노라면 짜증이 나고, 걱정도 되고, 말리고 싶어진다. **골프가 행복하려면 연습이 행복해야 한다**. 현재가 모여 미래가 된다지 않는가? 그래서 올바른 연습습관이 중요하다. **자신에게 맞는 연습과정을 디자인해야 한다**.

잘 안 맞는 공은 절대 치면 안 된다

몸 . 은 . 많 . 은 . 연 . 습 . 량 . 만 . 기 . 억 . 한 . 다

많은 시간과 비용을 들여 골프를 하면서 연습을 안 하는 것도 문제지만 연습을 해도 잘 못하는 경우는 더 괴롭다. 사실 골프는 어떻게 치더라도 항상 일정하게만 보낼 수 있다면 얼마든지 좋은 스코어를 낼 수 있고 즐길 수 있다. 문제를 하나 풀어보자.

문제) 다음 중 골프 스코어에 가장 큰 영향을 미치는 것은 무엇일까?
1. 드라이버 샷의 비거리
2. 풀 스윙 샷의 방향성 혹은 직진성
3. 샷의 항상성 혹은 안정성

당연히 3번 항상성이 정답이다. 멀리 보내든 짧게 보내든 일정하게만 보낼 수 있다면 문제가 안 된다. 슬라이스가 나든 훅이 나든 일정하기만 하다면 골프를 즐기고 70대를 칠 수도 있다. 얼마나 많이 날아가느냐와 얼마나 똑바로 날아가느냐가 스코어에 미치는 영향은 생각보다 크지 않다. 그렇기 때문에 폼이 어떻든 간에 일정하게만 칠 수 있으면 된다는 이야기가 성립한다.

스윙의 모양과 관계 없이 연습장에서 **잘 안 맞는 공은 치면 절대 안 된다**. 하루에 100개의 공을 쳤는데 잘 맞은 공이 30개고 잘 안 맞은 공이 70개였다면 그 날의 연습성과는 적다. 연습장에서 보면 계속 슬라이스가 나고 있는데 슬라이스 구질을 연습하러 온 것인 양 원인분석도 없이 뭔가를 끊임없이 바꿔가면서 연습에 몰입한다. 또 어떤 경우는 잘 맞고 있는데도 다른 클럽으로 넘어가지 못하고 계속 연습해서 결국 잘 안 맞을 때까지 한다. 연습을 통해 자신감이라도 얻어야 하는데 그것마저 아니라면 정말 하나마나 한 연습, 아니 안 하느니만 못한 연습이다. **머리는 잘 맞은 공을 기억할지 몰라도 몸은 연습량이 많았던 것을 기억할 뿐이다.**

공을 하나 쳐보고 자신이 상상한 공이 아니라면 하나쯤 더 쳐보고 그래도 똑같은 실수를 반복한다면 바로 빈 스윙을 해야 한다. 문제가 있다면 빈 스윙 상태에서 충분히 생각해 보고 나름대로 교정해야 한다. 즉 빈 스윙을 통해 '이거다' 싶을 때 공을 쳐야 한다. **몸에 실패의 경험을 축적해서는 안 된다.**

어쩌다가 잘 맞은 공이 하나라도 나오면 그것을 잊지 않도록 소중하게 생각해야 한다. 잘 안 맞은 공이 나와도 멈춰야 하고 잘 맞은 공이 나와도 멈춰야 한다. 잘 맞은 공이 주는 느낌과 이미지를 충분히 몸이 느낄 수 있도록 눈을 감고 잠시 기다려야 한다. 성공한 이미지를 최대한 많이 효과적으로 내 몸에 축적하는 것이다. 좋은 스윙을 되도록 빨리 몸에 익히는 첩경이요 비결이다.

4 +2 집중력을 위한 연습

몰.입.하.는.즐.거.움

공을 치는 것은 누구나 할 수 있다. 그러나 좋은 스코어를 내느냐 못 내느냐는 집중력에 달렸다고 해도 과언이 아니다. 유유자적 걷다가도 일단 볼 앞에 서면 순간적으로 고도의 집중력을 발휘할 줄 아는 사람이 골프를 잘 친다. 골프는 가장 작은 공을 가장 멀리 보내야 하는 스포츠다. 집중이 조금이라도 흐트러지면 전혀 엉뚱한 결과가 나온다. 게다가 연습장과 달리 집중력을 해치는 요소들이 산재한 필드에서 훌륭한 스윙을 하려면 명상에 준하는 상태를 만들어야 한다.

사실은 연습도 집중력을 기르는 연습이어야 한다. 연습하는 사람에게 공을 칠 때 어디를 보는지 물어보면 대부분 공을 본다고 대답한다. 그렇지만 정확하게는 공 근처를 적당히 보고 친다. **적당히 보고 치니까 적당히 맞는다**. 우리의 뇌라는 컴퓨터는 대단히 정교하지만 융통성이 없다. 공 근처를 적당히 보고 적당히 휘두르니까 적당히 맞는 것이 당연하다. 몸은 뇌가 시키는 대로 한 것뿐이지 잘못이 없다. 공이 아니라 공 뒤편의 딤플 하나를 바라보면서 스윙을 해야 한다. **작은 것에 집중할수록 집중도는 높아지게 마련이다**. 공과 나 사이에 기가 통해야 한다.

사람들에게 별다른 기술적인 레슨을 하지 않고 집중력을 높일 수 있는 몇 가지 조치만 해도 공이 잘 맞는다. 가르치는 사람도 놀라고 배우는 사람도 놀란다. 공이 잘 안 맞으니 봐달라고 해서 보면 스윙에는 차이가 별로 없이 공의 탄착점의 산포가 넓은 사람이 있다. 본인은 스윙의 문제라고 극구 이야기하지만 실은 집중력의 차이인 경우다.

한 번 배운 자전거 타기가 쉽게 잊혀지지 않는 것처럼 스윙은 그리 쉽게 변하지 않는다. 리듬이 변하고 집중력이 흐트러지는 것이다. 스윙의 완성도보다 집중 정도가 결과에 더 많은 영향을 미친다. 따라서 스윙의 완성도를 높이려는 노력보다 더 많은 노력을 고도의 집중력을 만들어내는 데 기울여야 한다.

골프를 잘 치면 집중력이 좋아지는 것이 아니라 집중력이 높아야 골프를 잘 친다. 빈 스윙으로 감을 잡고 그 감이 사라지기 전에 공에 대한 집중력을 최대한 높여 습관처럼 공을 치는 것이다. 프로들 사이에 전해지는 이야기로 풀을 한 가마니 치고 나니 프로가 되더라는 말이 있다. 집중력이 얼마나 중요한지 알 수 있는 이야기다.

연습장에서 열심히 칩핑 샷과 퍼팅 샷을 하는 한 주부가 말했다. "저는 골프연습이 참 좋아요. 아무 생각 없이 뭔가에 몰입할 수 있거든요." 실력은 보기플레이 정도다. 하지만 골프가 주는 즐거움을 이해하고 있다는 면에서 싱글이 부럽지 않을 것이다. 하루 중 아무런 생각 없이 뇌를 쉬게 하는 시간이 얼마나 될까? 공의 딤플 하나에 의식을 최대한 집중하면서 무심히 공을 치는 연습 과정 그 자체가 골프가 주는 행복임을 알아야 한다.

사 례 : 탤 런 트 최 ○ ○ (4 0 대 초 반 남 자)

골프를 배운 지 1년 여가 되는데도 비기너 상태를 벗어나지 못하고 있지만,
세상에 알려진 공인이다 보니 연습장에서 연습을 하고 있으면
이 사람 저 사람 기웃거리면서 한마디씩 거들어
골프 이론에 대해서는 웬만큼 알고 있다고 자부하고 있었습니다.
그런데 최근 들어 골프가 너무 어렵게 느껴지던 차에 후배의 소개로
하우투 골프클럽의 레슨을 경험하게 되었습니다.
별다른 말도 없이 프로가 한참 동안 제 스윙을 뜯어보더니
십 원짜리 동전 수십 개를 주면서 한 번 쳐보라는 것이었습니다.
레슨은 안 해주고 웬 동전을 치라는 것인지 의아해하면서 몇 개를 쳐보니 쉽지 않더군요.
"어 이거 봐라, 이게 안 맞아!" 하면서 자연스럽게 집중하게 되고,
몰입하면서부터 정확하게 맞힐 수 있게 되었습니다.
동전을 모두 치고 나니 "이제 다시 공을 놓고 한번 스윙을 해보시죠." 하더군요.
그런데 정말 신기하게도 공이 잘 맞았습니다.
그때 코치가 하는 말이 "생각이 너무 많아서 공에 몰입을 못하는 게 문제입니다.
스윙은 그만하면 보기플레이를 하고도 남을 만큼 좋아요.
연습장에서는 결국 스윙이 아니라 집중력을 연습하는 것입니다.
집중하지 못해서 공의 방향과 거리가 안정이 안 되는데
어떻게 스윙 기술로 해결할 수 있겠습니까?" 라는 것이었습니다.
그제서야 최근에 있었던 복잡한 사건들과
여기저기서 주워 들은 골프스윙에 대한 잡설로 인해서
마음이 혼란스러웠고 그 결과 스윙이 망가졌다는 것을 깨달았습니다.
딤플 하나에 몰입하지 않고 공 주변을 적당히 보고 치니까 적당히 맞는다는
하우투 프로의 말은 지금도 골프를 치면서
늘 떠올리고 있습니다.

목표를 향한 연습

살 . 아 . 있 . 는 . 공 . 과 . 죽 . 은 . 공

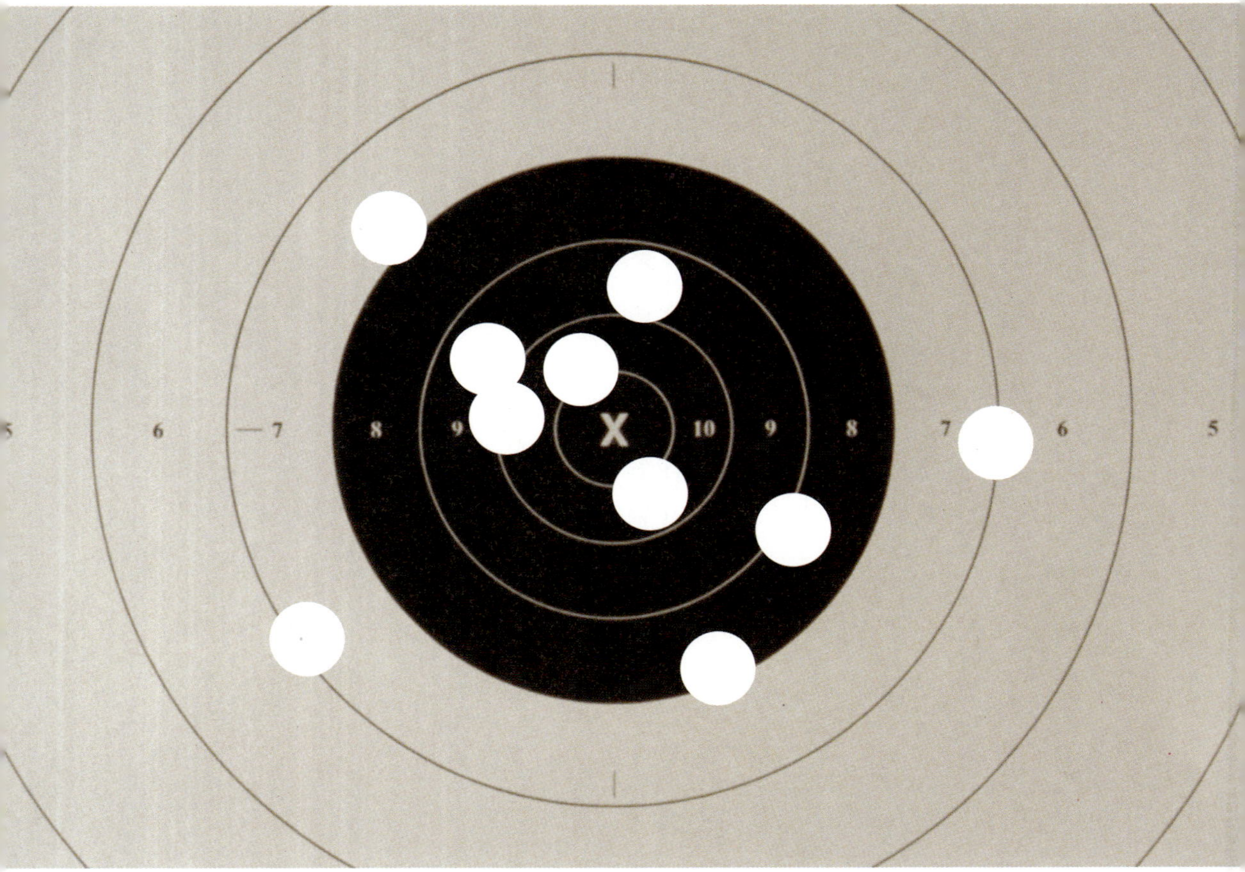

골프는 타깃 게임이다. 사람들은 너무 쉽게 본질을 잊어버린다. 공을 치는 것이 목적이 아니라 어떻게 치든 타깃에 보내는 것이 더 중요한 사실임을 망각한다. 그래서 연습장에서 **죽은 공**을 치고 있다. 살아 있는 공을 치는 연습을 해야 실전에서도 살아 있는 공을 칠 수 있다. 살아 있는 공은 목표와 방향이 담겨 있는 공을 의미한다. 공을 치는 사람의 정확한 의지와 정보를 담고 있는 공이야말로 살아 있는 공이다. 생명력이 없는 죽은 공은 어디로 갈지 알지 못하는 공이다. 어디로 갈지 알 수 없는데 핀 근처에 가서 떨어지면 그것은 재수다.

목표를 갖는 것만으로도 많은 문제가 해결된다. 의지를 실어야 한다. 의지는 공에 전달된다. 진심으로 뭔가를 맞춰야겠다고 생각하면 맞출 능력을 우리는 가지고 있다. 우리 유전자 속에는 인류가 역사 이래 수렵활동을 통해 익혀온, 뭔가를 맞추는 동작에 관한 대단히 정교한 정보가 담겨 있다.

공을 들고 20~30미터 떨어진 지점에서 손으로 굴려 홀 컵에 붙이는 게임을 해보자. 세 번 정도만 연습하면 누구나 쉽게 목표에 갖다 붙인다. 이때 몸과 생각의 상태를 점검해 보면 스윙 메커니즘에 대한 생각이나 모양에 대한 생각 따위는 없다. 그저 목표에 붙이겠다는 생각뿐이다. 그리고 나머지는 본능적인 감각에 맡긴다.

사실 연습의 목적은 이런 상태로 자신을 자꾸 만들어가는 것이다. 목표에 고도로 집중하되 무심한 상태. 어려운 경지다. 그래서 스윙은 쉽고 골프는 어렵다고 말한다. 어려운 수양 과정을 배제하고 오로지 스윙 메커니즘과 모양 만들기에만 매달리니 골프가 잘될 리 없다.

목표의식이 강하면 몸이 그 목표를 향해 자연적으로 정렬한다. 분명한 목표의식은 잡념을 없애준다. 목표의식이 강하면 강할수록 불안감이 찾아들 자리도 없어진다. 연습장에서 목표의식을 강화하는 연습을 해야 한다. '어디를 맞히겠다, 어디에 떨어뜨리겠다, 어디에 넣겠다'는 목표를 가지고 연습하지 않으면 효과는 반감된다. 풀 스윙이든 쇼트게임 스윙이든 마찬가지다. 아이러니하지만 목표의식이 강하면 **미스 샷을 해도 목표까지 간다**는 경험을 프로들끼리 많이 이야기한다.

또 연습장에서 목표 없이 스윙에 대한 쓸데없는 고민만 하면서 공을 치다가 막상 실전에 나서면 어디로 보내야겠다는 목표, 욕구 혹은 욕심이 더해지니 생각이 더욱 복잡해지고 몸의 운동 수행능력은 더욱 떨어지게 된다.

조직도 마찬가지 아닌가? 목표의식이 분명한 조직은 한 방향으로 잘 정렬한다. 리더의 생각 따로 하부 조직원의 생각 따로 제각각이어서는 곤란하다. 골프의 셋업도 마찬가지다. 무릎이 보는 방향과 어깨가 보는 방향 골반의 각도가 달라서는 곤란하다. 하나의 목표를 향해 일사불란하게 정렬해야 좋은 스윙을 할 수 있다. 목표를 설정하고 스윙을 연습하면 자연스레 얼라인먼트, **한 방향 정렬**이 이루어진다.

사례 : 가수 정○○씨 (40대 중반 여자)

골프를 배운 지 오래되었지만 라운드할 기회가 많지 않다 보니
스코어도 늘지 않고 스윙도 잘 되지 않아 골프에 대한 흥미를 잃어가고 있었습니다.
그런데 남편이 골프를 너무나 쉽고 재미있게 가르치는 사람들이 있다고 해서
하우투 골프클럽을 방문하게 되었습니다.
레슨을 받으러 갔는데 정작 레슨은 하지 않고 이것저것 웬 질문을 그렇게 많이 하는지.
처음에는 병원에 진찰받으러 간 것 같은 생각이 들었습니다.
여러 가지 물어본 것 중에 지금까지 기억하는 것은 제 운동 경험,
골프에 대한 생각, 골프에 얼마나 시간을 할애할 수 있는가 등등이었습니다.
공을 쳐보라고 해서 공을 몇 개 쳤더니 바로 농구공 던지기 놀이를 시키더군요.
그리고 실내연습장 그물망에 동전 크기만한 스티커를 붙이고
공을 쳐서 그 스티커를 맞혀보라는 거예요.
저는 어떻게 저걸 맞혀요 하면서 웃었어요.
코치가 "진심으로 맞혀야겠다고 생각하고 몇 개만 쳐보세요.
스윙이 이래야 한다, 저래야 한다는 관념을 모두 잊어버리고
조금 전에 농구공을 던졌던 느낌만 가지고
목표에 몰입하시면 맞힐 수 있습니다." 하고 조언했습니다.
정말 놀라운 경험이었습니다. 공을 불과 열 개도 치지 않았는데
그 스티커를 맞히고 있는 나 자신을 발견했습니다. 어떻게 이런 일이!
평소 골프에 소질이 없다고 생각했는데 저 작은 목표물을 맞히다니!
골프에서 집중과 몰입이 얼마나 중요한지 깨달은 순간이었습니다.
시간이 없어 연습장에 자주 갈 수 없는 내 사정에 맞게
집이나 사무실에서 농구공이나 백과사전으로
스윙 연습을 하는 방법을 가르쳐주어 지금도 계속하고 있고,
그래서 골프에 다시 재미를 붙이게 되었습니다.

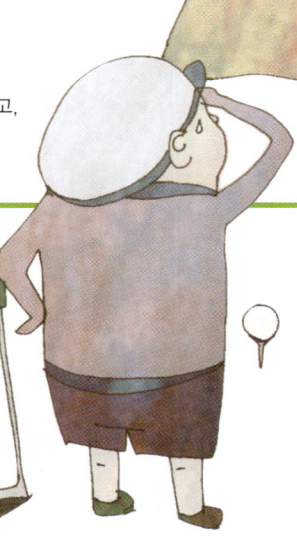

4+4 리듬을 안정시키는 연습

소.리.로.스.윙.을.통.제.한.다

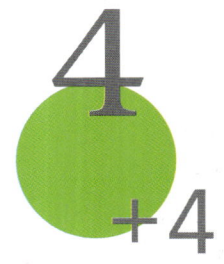

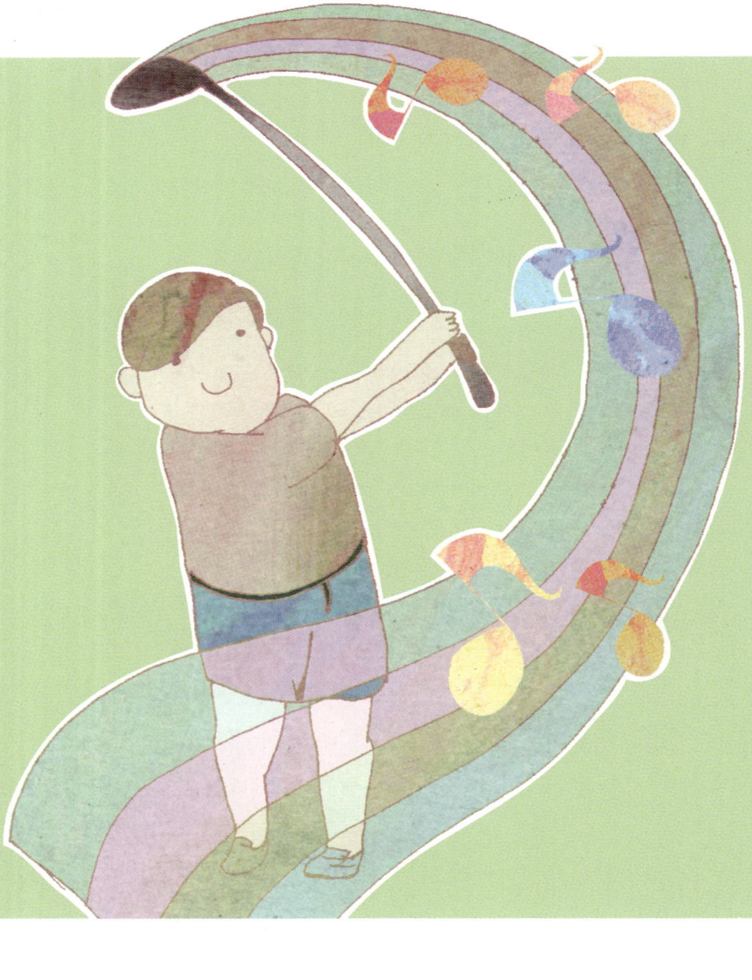

많은 골프 레슨 프로들이 공통적으로 주장하고 강조하는 이야기들 중에서 리듬에 대한 이야기만큼 빈도가 잦은 것도 없다. 그런데 리듬만큼 아마추어들이 쉽게 간과하는 이야기 또한 없을 것이다. 내기 골프의 대가 한 사람이 이런 말을 했다.

"스윙 좋은 사람이 리듬 좋은 사람을 당하지 못한다."

스윙 연습은 결국 리듬감 연습이어야 한다. 일정한 루틴 속에 안정적인 리듬감을 체득하는 것이 연습의 목적인 셈이다. 필드에 나서면 우선 거리감이 연습장하고는 전혀 다르다. 탁 트인 공간이 주는 위압감이 사람을 긴장하게 만든다. 긴장하면 리듬이 빨라진다. 중압감 속에서도 제 리듬을 찾아 스윙하려면 평소에 리듬을 일정하게 유지하는 연습을 충실히 해야 한다. 비거리를 내는 데는 근력도 필요하지만 그보다는 좋은 리듬이 중요하다. 높낮이가 없는 밋밋한 노래를 들으면 흥이 나지 않듯이 강약이 없는 스윙은 거리를 내지 못한다. 억지로 힘을 주는 것과는 다르다. 왈츠를 추듯 스윙에 리듬을 주는 것이다.

노래를 부르면서 스윙 연습을 해보면 운동에 리듬을 주는 원리를 쉽게 이해할 수 있다. 3박자 왈츠곡이면 아무 노래나 좋다. 「에델바이스」와 「문 리버」가 대표적이고, 우리나라 노래로는 도라지, 뱃노래 등이 있다. 노래에 힘이 들어가는 부분에서 스윙도 자연히 세

리 듬 코 치

우리는 리듬코치라는 것을 만들어 리듬교정에 활용하고 있다.
레슨받는 사람의 스윙 속도를 여러 차례 측정하고, 그 평균값에 맞춰 음악을 편곡해
MP3 플레이어를 내장한 헤드세트에 저장해 머리에 씌워준다.
음악에 맞춰 몸에 스윙을 기억시키면 그 효과가 빠르고 오래간다.
약간 불편하지만 익숙해지면 주변의 다른 소리가 안 들리고
음악만 생각하게 되므로 집중도가 높아진다.
일단 자신의 현재 속도에 맞추고 점점 시간을 조정해 이상적인 속도에 접근한다.
자신의 이상적인 스윙 스피드는 보행 속도를 기준으로 하는 것이 좋다.
보행 속도는 수십 년 동안 자신에게 가장 적합한 리듬으로
변화, 발전해 왔기 때문이다.
누구에게나 적용 가능한 일반화된 리듬이란 없다.
빨리 걷는 사람에게는 빠른 스윙이 맞다.
아무리 천천히 스윙하라고 해봐야
소용도 없고 그럴 이유도 없다.

어지게 되어 있으므로 노래에 맞춰서 휘두르는 동안 자연스럽게 스윙의 강약이 만들어진다. 큰 파도가 밀려와 바위에 부딪히는 장면 같은 자연현상을 상상하는 것도 한 방법이다. 상상이나 이미지로 명령을 내리면 우뇌가 직접 자극을 받아 운동 수행능력의 저하 없이 운동을 통제할 수 있다.

또한 국가대표선수 몇 명을 테스트해 본 결과 **리듬이 일정하면 스윙의 교정 없이도 볼의 산포 정도가 줄어든다**는 사실을 확인할 수 있었다. 컨디션이 좋은 프로나 주니어 선수의 스윙을 측정해보면 놀라울 정도로 스윙의 템포와 리듬이 정확하다. 그것은 공이 임팩트되는 타이밍의 정확성을 의미하기도 한다. 좋은 리듬은 좋은 타이밍을 가져온다. 안정된 리듬이 안정된 타이밍을 가져온다.

4
+5

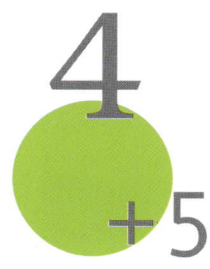

상상력 연습

결 . 국 . 스 . 윙 . 을 . 통 . 제 . 할 . 수 . 있 . 는 .
것 . 은 . 상 . 상 . 력 . 이 . 다

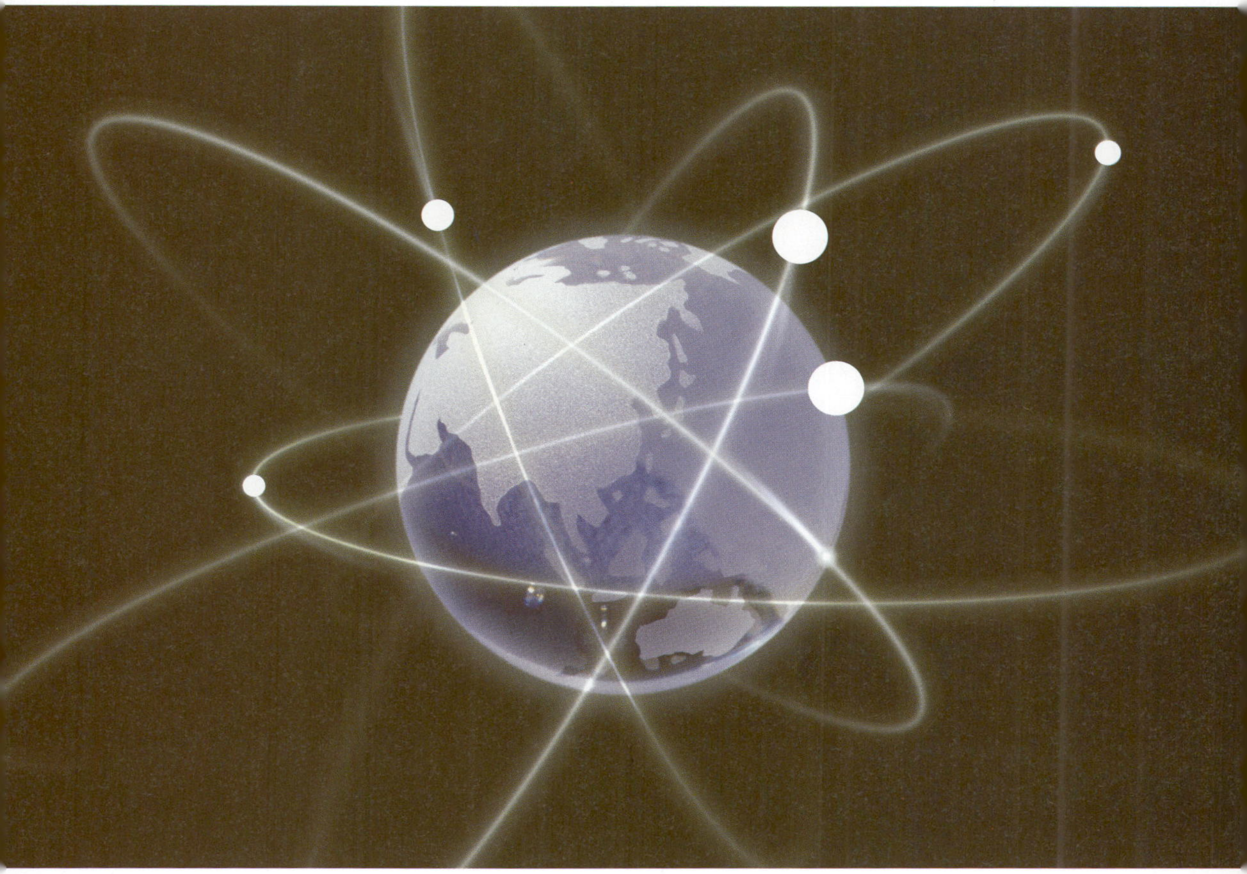

잭 니콜라우스의 위대함은 그의 상상력에 있다고 한다. 얼마나 리얼하게 상상하는지 공이 바람을 가르는 소리, 공이 그린에 떨어지는 소리, 떨어져 굴러가는 모양까지 상상했다고 한다. 좋은 스코어를 냈을 때 인터뷰를 하면 "오늘은 상상한 대로 공이 맞아 주었다."고 대답하는 것을 본 적이 있다.

상상은 공에 대한 집착을 없애준다. 상상은 샷의 결과에 대한 부정적인 이미지를 없애준다. 상상은 우뇌가 하는 일이다. 연습과정은 상상하는 힘을 기르는 과정이어야 한다.

소방차의 물 대포를 상상하든, 활을 떠난 화살의 비행을 상상하든, 야구의 홈런성 타구를 상상하든, 자신이 정하면 된다. 공을 하나 치고 잠시 멈춰 상상하고, 상상한 대로 공이 날아갔는지를 확인하고 결과를 즐기는 것이다. 연습과정이 절대로 근육운동이나 체력소모로 이어지지 않도록 해야 한다. 바쁜 일상에 틈을 내어 연습하는 시간은 매우 소중하다. 연습의 효과가 나지 않아 몸이 더욱 피곤해지고, 그렇게 피로한 상태에서 공을 또 치는 효과 제로인 연습을 왜 한단 말인가?

실제 골프를 쳐보면 어디로 쳐야겠다는 의지보다 머릿속에서 상상한 이미지가 샷의 결과에 미치는 영향이 훨씬 더 크다. 페어웨이 가운데로 쳐야지 하는 강한 의지가 있어도 마지막에 우측의 해저드를 쳐다보았거나 앞서서 친 사람의 공이 오비가 나는 장면을 떠

올린다면 의지와 상관없이 그때 떠오른 상상대로 날아가고 만다. 그래서 연습은 상상력을 키우는 연습이어야 한다.

천천히 상상하면서 좋은 샷이 나오면 음미하고 자신의 루틴을 만들고 목표와 공에 집중하는 훈련을 하자. 제발 연습하되 무엇을 연습하는지가 분명해야 한다. **주제가 있는 연습을 해야 한다. 주제 파악!**

주변에 연습을 많이 하지 않는데도 어느 정도 수준을 유지하는 골퍼가 있다면 그 사람은 분명 연습장에 가지 않고도 수준을 유지하는 그만의 비법이 있음에 틀림없다. 이미지 트레이닝을 하거나 연습장이 아닌 곳에서 연습하는 비법, 어쩌면 연습인지도 모르는 연습을 하고 있을지도 모른다.

흔히 직업적으로 정교한 작업을 하는 전문가가 쇼트게임 감각이 좋다든지 거리가 대단한 야구선수를 볼 수 있다. 생활 속에서 자신도 모르게 골프에 좋은 뭔가를 행하고 있는 것이다. 사실 연습은 생활 속에 녹아 들어가는 것이 제일 좋다. 꼭 골프를 위해서가 아니라 삶의 질을 전반적으로 향상시키는 노력의 일환으로 결국 골프도 좋아진다. 그것이 주제도 제목도 없는 연습보다 훨씬 권할 만하다.

힘 자랑은 이제 그만!

힘.으.로.안.되.는.일.도.있.다

피칭으로 140야드를 보낸다고 은근히 자랑삼아 이야기하는 사람이 있다. 쇼트 아이언으로 거리를 많이 내서 어디에 쓰려는지. 컨트롤 샷을 해야 하는 경우, 즉 쇼트게임의 비중만 더 늘어난 것이다. 프로는 쇼트 아이언 거리가 너무 늘어나면 각도를 조정해서라도 자신의 거리를 유지하려고 한다. 모든 샷이 마찬가지지만 **자신의 힘을 100퍼센트 발휘하는 샷은 방향성과 거리에서 일관성을 유지하기 어렵다**. 자신의 힘을 120퍼센트 쓰는 스윙이 항상성을 갖는다는 것은 말도 안 된다.

미국 PGA 프로 어니 엘스에게 "9번 아이언으로 거리가 얼마나 납니까?"라고 기자가 묻자 135야드라고 대답했다. 그러자 갤러리들이 "우~!" 하고 야유를 했다. 그때 어니 엘스가 "아, 최대거리를 물어보신 거예요?"라며 "190야드 정도는 보낼 수 있을 거예요."라고 답했다.

이 이야기에서 우리는 보통 때 최대 거리의 70퍼센트 정도 스윙을 한다는 사실을 알 수 있다. 몸을 풀기 위해서 온 힘을 다해 한 박스 정도 공을 쳤다면 이제 이성을 되찾고 70~80퍼센트 정도의 스윙 연습을 시작하자. 그 정도 샷으로 평균 거리를 발견하면 역으로 **그 거리를 보내기 위한 연습**으로 다시 돌아간다. 이제부터가 진짜 연습인 셈이다. 그것만이 실전에서 써먹을 수 있는 스윙이다.

4+7 자기 샷의 루틴 만들기

종.교.적.의.식.과.절.차.만.들.기

다시 한번 강조하거니와 스윙은 단순하고 쉽다. 하지만 골프는 그리 만만한 게임이 아니다. 테니스, 탁구 등은 배우기 쉽고 한 번 일정한 수준에 이르면 좀처럼 실력이 후퇴하는 법이 없다. 골프는 그렇지 않다. 한번 싱글이 되었다 하더라도 한동안 골프를 치지 않으면 금방 90대를 치고 만다.

테니스와 탁구는 정해진 코트에서 하는 게임이다. 골프는 그렇지 않다. 자연환경의 변화무쌍한 조건 속에서 이뤄지는 게임이다. 또한 골프가 어려운 이유는 지구상에서 가장 작은 공을 가장 멀리 보내는 운동이기 때문이다. 그만큼 정교한 운동이고 실수할 가능성이 많은 운동이다. 또 한 가지 골프가 어려운 이유는 스윙 이외의 요소가 끼여들 여지가 너무나 많기 때문이다. 오히려 그것이 골프의 본질인지도 모른다. 불안감, 과도한 욕심, 산만함 등 이러한 운동 이외의 요소들로 인해 단순한 스윙이 방해를 받는 것인데 레슨 마귀들은 그것을 스윙의 메커니즘으로 해석하고 교정하려고 든다. 그로 인해 골프가 괴로워진다.

방해 요소들로부터 스윙을 지키는 방법은 샷을 행하는 전 과정을 루틴화하는 것이다. 샷의 과정을 루틴화한다는 것은 **종교적인 의식의 절차와 과정**으로 만들어버린다는 의미이다. 교회나 절에서 행하는 종교의식과 마찬가지로 공에 접근하는 순간부터 공을 치고 피니시를 하는 그 순간까지 전체를 하나의 틀 속에 집어넣는다. 프로가 시합하는 장면을 유심히 보면 언제나 일정한 패턴 속에서 움직인다. 심지어 시간을 측정해 보면 시간적인 인터벌도 변화가 거의 없다. 사실 연습과정도 이러한 루틴을 만들어가는 과정이어야 한다. 연습장에서 공을 잘 치면 뭐 하나. 실전에서는 여러 가지 방해 요소들과 싸워야 하는데.

공 뒤에서 방향을 보고 셋업을 하고 빈 스윙을 하고 그립을 몇 차례 쥐었다가 놓고 목표를 두세 번 쳐다보고 웨글을 몇 번 하고 샷을 한다. 그 과정 전체를 패턴화하면 방향을 바라보고 들어서는 순간부터 몸은 그 패턴에 들어갈 준비를 시작한다. '아! 몇 초 후면 샷을 하겠구나.' 그리고 그것에 필요한 준비를 시작하는 것이다. 그러면 운동 수행 능력이 더욱 좋아진다.

들어가는 단계에서는 여러 가지 복잡한 생각들로 뇌가 어지러울지 모르지만 샷을 해야 하는 시간이 다가올수록 파블로프의 실험에서처럼 몸은 자연적으로 운동수행에 적합한 상태로 변화한다. 주의사항을 기억하고 프로의 지적사항을 체크해야 한다면 그것을 한 줄로 늘어놓아 **어드레스의 전 과정을 프로그램화** 한다. 결국 샷 직전에 최고의 운동 수행 상태에 이르도록 연습한다. 그것을 습관화해야 한다. 목표도 집중력도 루틴도 없이, 단순하기 그지없는 스윙을 나누고 쪼개는 연습이 도대체 실전에서 무슨 소용이 있을까? 스윙은 단순하고 쉬운 것이기 때문에 연습을 많이 할 필요가 없다. 연습장에서는 목표와 공에 집중하고 샷에 이르는 전 과정을 안정적으로 루틴화하는 연습을 하는 것이다. 연습장에 갈 때는 근육운동보다는 명상수련을 하러 간다는 마음가짐이 더 필요하다.

스윙은 변한다

스윙은 변하는 것이다.
전날 술을 한잔 해도, 바람 부는 날 라운드를 하고 와도,
부부 싸움을 하거나 친구와 말다툼을 해도 변하는 게 스윙이다.
가장 변화가 많은 것이 바로 클럽의 페이스다.
그렇게 변화무쌍한 클럽 페이스에 초점을 맞추고
변하는 것을 고정되어 있는 것처럼 생각하니
배우는 쪽도 가르치는 쪽도 지치게 마련이다.
운동의 저변을 이루는 기초에 대한 합의,
골프를 바라보는 시각의 정립,
골프의 다양한 요소들에 대한 이해에 토대하지 않은
기술적 접근은 골프를 힘들게 한다.
기술적인 부분을 이야기하더라도 변화가 가장 많은
클럽의 페이스가 아니라
변화가 비교적 적은 몸의 큰 부분,
굵은 부분을 중심으로 가르치고 배워야 한다.

연습 편식

싱 . 글 . 로 . 가 . 는 . 길 . 을 . 막 . 는 .
최 . 대 . 의 . 적

한 번의 라운드를 100으로 보면 40퍼센트가 드라이버 페어웨이 우드 아이언을 망라한 풀 스윙이고 40퍼센트가 퍼팅, 나머지 20퍼센트가 쇼트게임이라고 한다. 하지만 이것은 스윙을 중심으로 본 것이고 스코어에 영향을 미치는 스윙 외적인 요소들까지 망라하면 풀 스윙의 비중은 현격히 줄어들 것이다.

사람들이 라운드를 하면서 무엇을 하는지 캐나다의 한 연구원이 조사한 적이 있다. 라운드를 하면서 스윙을 하는 시간은 연습스윙을 포함해도 10분이 채 안 된다. **그러면 나머지 시간 동안 무엇을 하는가?** 물론 걷고 있다. 걸으면서 무엇을 할까? 20퍼센트 정도의 시간은 샷에 필요한 상황 정보를 정리해 판단하는 데 쓰고 나머지 80퍼센트는 마음을 다스리느라 애를 쓴다고 한다. 골프라는 게임은 스윙이 20퍼센트, 나머지는 마음이라고 했던 잭 니콜라우스의 이야기와 일맥상통한다.

한 번의 라운드당 스윙이 차지하는 비중이 20퍼센트라면 그 20퍼센트 중 40퍼센트가 풀 스윙이다. 그래 봐야 풀 스윙이 골프에서 차지하는 비중은 8퍼센트에 불과하다. 그래서 그렉 노먼이 드라이버는 쇼라고 이야기한 것은 아닐까? 과학적인 수치는 아니더라도 연습을 할 때 참고할 만한 이야기임에 틀림이 없다. 8퍼센트밖에 안 되는 것을 위해 연습

시간의 90퍼센트를 쏟아붓는 것을 제3자가 본다면 뭐라고 할까? 너 바보 아냐?

골프는 종합시험이라는 주장을 기억할 것이다. 영어만 공부하고 시험장에 가지 말아야겠다는 결심이 섰다면 각각의 과목이 갖는 배점만큼씩 연습을 해야 한다. 편식은 건강을 악화시킨다. 골프에서도 편식은 건강을 해친다. 남부럽지 않게 연습하는데도 스코어가 향상되지 않아 마음이 상하고, 몸은 점점 더 무리를 한다. 따라서 스윙도 무리하게 되어 몸과 마음이 다 상해 결국 건강을 해치고 만다. **그런 골프를 왜 하는가!**

스윙은 쉬우므로 레슨을 받아서 될 일이 아니라 운동 경험을 발굴해야 한다. 정작 레슨을 받아야 하는 것은 쇼트게임이다. 연습할 때도 일주일에 한 시간을 연습하든 다섯 시간을 연습하든 배점표의 비율과 비슷하게 연습하고 모자라는 부분의 샷을 조금 더 보완하는 정도로 해야 한다. 식생활이나 공부와 마찬가지로 골프 연습도 한꺼번에 몰아서 하기보다 **조금씩이라도 매일매일** 하는 편이 좋다.

4+9 자기 실력을 평가하는 연습

자.신.에.게.거.는.
기.대.수.준.정.하.기

남자가 200야드만 보낸다는 생각으로 스윙을 하면 드라이버처럼 쉬운 것이 없다. 요즘은 장비가 발달해 그냥 갖다 대기만 해도 200야드는 간다. 드라이버는 페어웨이에 떨어지기만 하면 된다. 드라이브는 그다지 정교한 샷이 아니다. 열네 개의 클럽 중에서 가장 대충 맞아도 되는 클럽이다. 문제는 250야드를 날리려고 덤벼들면서부터 드라이버가 어려워지는 것이다.

100미터를 20초 내에 뛰는 것만큼이나 드라이버로 2000야드를 보내는 것은 쉽다. 하지만 2500야드를 보내는 것은 100미터를 13초 내에 뛰는 것 이상의 난이도를 갖는다. 또 일정 기간 열심히 연습해서 2500야드를 보냈다고 하더라도 유지 관리가 만만치 않다. 100미터를 13초 이내에 뛰는 실력을 유지하려면 얼마나 많은 운동을 해야 하겠는가!

골프에서 250야드를 안정적으로 보낸다는 것은 거리만의 문제가 아니다. 근력만 유지해서도 안 되고 방향만 정확해도 소용없다. 달리기의 기록 관리와는 차원이 다르다. 우선 드라이버로 200야드까지 쉽게 보내는 훈련을 통해 100타를 깨고, 220야드 보내면서 다른 과목을 공부해 보기플레이어가 된다. 그 다음에 드라이버로 250야드를 보내는 방법으로 80대를 치는 골퍼가 될지, 쇼트게임을 더욱 정교하게 해서 80대 골퍼가 될지 천천히 결정하면 된다.

골프에서도 난이도가 가장 높고 안정을 유지하기가 어려운 '드라이버 250야드 보내기'에 먼저 도전해 놓고 골프가 왜 이렇게 어려우냐고 물으면 웃음밖에 안 나온다. 드라이버가 정말 안 된다고 찾아오는 사람에게 100야드를 안정적으로 보내라고 주문하면 워낙 막 휘두르던 버릇 때문에 처음에는 오히려 더 어려워한다. 그렇지만 공 100개를 치기 전에 방향과 거리가 정확해진다. 그것이 되면 150야드, 180야드, 점점 거리를 늘려본다. 그러면 안정적으로 보낼 수 있는 거리가 확실해진다.

180야드는 열 개를 치면 여덟 개 정도 제대로 보낼 수 있는데, 220야드가 되면 열 개 중 다섯 개만 정해진 범위 안에 들어간다면 그 사람의 실력은 드라이버 거리 180야드이다. 우선 자신의 실력을 180야드로 인정하고 골프를 즐기면 된다. 그것에 맞게 작전도 짜고 스코어도 관리하는 한편 200야드를 목표로 연습을 지속하는 것이다. 어쩌다 한 번 기가 막히게 잘 맞는 공을 자신의 거리로 생각하고 언제나 그 거리를 날릴 샷을 연구하고 노력하는 것은 정말 바보 같은 짓이다.

안정적인 거리 확보는 근력과 유연성, 균형감, 집중력, 지구력의 총체적인 결과다. 몇 가지 간단한 요령이나 스윙 기술로 좀더 거리를 낼 수 있다고 이야기하는 프로가 있다면 그것은 레슨 마귀다. 그것은 환상이고 신기루다.

아이언도 마찬가지다. 현재 자기가 보낼 수 있는 거리를 100퍼센트로 보고 50퍼센트부터 다시 시작해 보자. 50퍼센트가 되면 60퍼센트, 60퍼센트가 되면 70퍼센트. 그렇게 해서 적어도 열 개의 샷 중에서 여덟 개 이상을 자신이 원하는 목표 원 속에 넣을 수 있을 때 그것이 자신의 실력이다. 자신의 힘을 70~80퍼센트 정도 썼을 때 가장 성공률이 높다는 사실을 발견하게 될 것이다. 이런 발견을 돕고 몸이 자꾸 새로운 경험을 하도록 돕는 것이 프로의 역할이다.

연습장은 힘자랑하는 장소가 아니라 자신의 실력을 확인하고 점검하는 곳이다. 한 걸음 더 나아가면 **연습의 마무리로 자주 가는 골프장을 상상하면서 라운드를 해 보자**. 실전과 똑같이 드라이버를 치고 결과를 보고 아이언을 선택하고, 또 실전과 똑같이 다음 샷을 하고 온 그린이 되었다고 판단되면 평균 퍼팅 수를 더하고, 아니면 쇼트게임 스윙을 한 번 더 하고…….

물론 결과를 확인하고 기억하는 것은 자신이다. 하지만 오늘의 상상라운드를 기록해 보면 그것이 자신의 실력과 별 차이가 없다는 사실에 놀랄 것이다. 연습의 마무리로 가장 권할 만한 방법이다.

나가기

프로는 디자이너다. 우리는 사실 골프스윙의 메커니즘이나 기술에 대한 레슨은 별로 하지 않는다. 오히려 우리는 **연습디자이너**라는 이야기를 좋아한다. 젓가락질을 계속 레슨받을 필요가 없듯이, 자전거 타기를 레슨받을 필요가 없듯이, 골프스윙도 스윙이 몸에 익으면 몇 개월이고 레슨을 계속 받을 필요가 없다. 단지 자신의 스윙을 잘 이해하고 있는 프로에게 정기적으로 점검을 받으면 된다.

그러면 연습장에서 무엇을 가르쳐야 하는가? 좋은 연습습관을 갖도록 도와야 한다. **혼자서도 잘 연습할 수 있도록 연습을 함께 디자인하는 것이다**. 집중력이 부족한 사람은 집중력을 향상시킬 수 있는 연습법을 익히도록 돕고, 리듬이 좋지 않은 사람에게 리듬을 안정시키는 연습법을 제시하고, 방향감이나 목표의식이 부족한 사람은 그런 부분을 고려해 연습과정을 디자인한다.

연습과정을 디자인하기 위해서는 골프에 얼마나 시간을 할애할 수 있는지, 얼마나 열정을 갖고 있는지, 몸의 유연성은 어떤지, 근력이나 지구력은 어떤지 등등 서로 시간을 가지고 천천히 의논하고 관찰해야 한다. 주변에 이에 대해 의논하면서 함께 디자인할 프로가 없다면 혼자서라도 해야 한다.

하루 한 시간 연습할 수 있는 조건이라면 취약한 부분을 중심으로 스트레칭을 하고, 한 팔로 스윙을 몇 번 하고 두 팔로 빈 스윙을 몇 분간 하고, 공을 자유롭게 몇십 개 치고, 클럽을 바꿔가며 목표 맞히기를 몇 개 하고, 클럽별 거리측정이나 실력점검을 하면서 풀 스윙 연습을 마치고, 과목별로 쇼트게임 연습을 하고, 루틴을 연습한다. 그리고 상상라운드로 하루의 연습을 마무리한다.

물론 이는 하나의 예에 불과하다. 다른 연습을 더 추가하거나 뺄 수도 있다. 대단히 복잡해 보일 수도 있지만 습관이 되면 복잡할 것도 어려울 것도 없다. 더 복잡한 일을 우리는 매일 하면서 살고 있다. 밥상에 앉아 밥 먹는 것이 더 복잡하다.

한 번 연습하는 데 두 시간 정도가 적당하지만 조건과 상황에 맞춰 조정하면 된다. 제발 편식 좀 하지 말자.

공은   내가 휘두르는

그 자리에 놓여 있다.

5 결국 스코어는 생활이다

잘못된 연습보다 등산이,
무리한 연습보다 야채를 많이 먹는 식습관이
골프에 더 좋다.

들어가기

골프는 생활이다. 싱글플레이어가 되고 싶으면 싱글플레이어가 하는 생활을 그대로 따라하면 된다. 프로가 되고 싶으면 가장 모범적으로 생활하는 프로의 생활을 따라하면 된다. 하루에 한 시간 이상 연습하면서 주 1회 라운드를 계속하면 6개월 내에 몸치 아니라 몸치 할아버지라도 보기플레이를 할 수 있다. 하루에 두 시간씩 연습하고 주 2회 라운드를 6개월 동안 계속했는데도 싱글 플레이어가 못 되었다면 몸에 무슨 병이 있거나 연습과정이 너무 잘못되었거나 정신적 장애가 있다는 이야기다. 차이가 나봐야 사람에 따라 1~2개월에 불과하다.

항상 보기플레이어인 사람이 있고 한때 보기플레이어가 있다. 또 싱글도 **항상 싱글**과 **한때 싱글**이 있다. 6개월 열심히 미친듯이 연습하고 라운드해서 보기 스코어를 한 번 냈다고 해서 보기플레이어라고 하지는 않는다. 연습과 라운드 횟수를 줄이면 불과 한 달이 안 되어 스코어가 무너져 내리기 시작한다. 이때 레슨 도사가 있어 찾아가면 뭔가 비방을 얻어서 스코어가 다시 살아나겠는가. 생활을 원래대로 돌려 놓고 볼 일이다.

라운드 전날 술을 왕창 마시고 잠도 제대로 못 자고 허겁지겁 골프장으로 달려가 스코어를 잘 내는 경우는 없다. 간혹 그런 날 베스트스코어를 낼 수는 있어도 어차피 잘 안 될 테니까 마음 편하게 조심조심 치자고 마음을 먹어 그런 결과가 나온 것에 불과하다. 사업이 잘 되어야 골프도 잘 된다고들 한다. 부부 싸움을 하고 공 잘 맞길 바랄 수는 없다. 라운드 도중에 여기저기서 전화가 오는데 좋은 스코어를 유지하기는 힘들다.

골프가 어려운 이유는 잘 안 될 때 그 원인 분석이 잘 안 되기 때문이다. 이유를 알면 고치려고 노력하든지 아니면 포기할 수 있을 텐데 도무지 원인을 알 수가 없다. 그래서 더욱 스윙을 탓하게 된다. 골프가 안 되는 이유를 스윙 탓으로 돌려놓으면 처방이 간단하다. 스윙을 고치면 된다.

그러나 실제로 골프가 그렇게 간단하다면 얼마나 좋을까? 화가 잔뜩 나서 몸에 힘이 들어가고 그것이 슬라이스의 원인이 되고 있는데 스윙 메커니즘을 고친다고 해결이 되겠는가? 요즘 신경 쓰이는 일 때문에 마음이 산란해 골프를 쳐도 집중이 안 되고 결과적으로 볼의 산포가 넓어져 있는 사람에게 어떤 레슨이 효과가 있을까? 마음을 가다듬는 것 외에는 다른 대안이 없는 것 아닌가? **마음으로 인해 생긴 문제를 어떻게 스윙에 대한 기술 교정으로 고칠 수 있겠는가?**

5+1 항상 싱글과 한때 싱글

한.국.에.진.짜.보.기.플.레.이.어.는.
10.퍼.센.트.밖.에.없.다

레슨하기 가장 어려운 사람은 운동신경이 무딘 사람이 아니라 마음이 급한 사람이다. 늘 마음이 바쁜 사람은 스윙을 가르쳐도 안정이 안 되고 필드에 나가도 도무지 성적이 나지 않는다. 고집쟁이도 어렵다. 골프에 대한 자기 생각이 너무 강해 마음이 닫혀 있다. 마음을 바꿔야 골프가 잘될 텐데 스윙 기술 이야기나 하라고 할 때 정말 진땀이 난다. **물론 당장에 효과를 볼 수 있는 극약처방들이 없지 않다.** 슬라이스가 나는 사람에게 아예 슬라이스 방향을 보고 치라거나 훅 스탠스로 서서 훅 그립을 잡고 치라거나. 거꾸로 하는 골프라나 뭐라나. 그렇지만 근본적인 원인을 고치지 않고 일시적인 효과를 본들 무슨 의미가 있을까? **원인을 고치지 않으면 더 큰 병이 되어 돌아올 테고 결국 한때 싱글이나 한때 보기플레이어가 될 뿐이다.**

CEO가 골프를 잘 치면?

CEO가 골프를 잘 치는 것이 좋다든가 너무 골프를 잘 치면 회사 일에 소홀해서 안 된다든가 여러 주장이 있다. 정답이 있겠냐마는 주 1회 정도 라운드를 하는 주말 골퍼가 70대 스코어를 유지할 수 있다면 정말 어떤 경지에 이른 사람이고, 그런 사람이 CEO라면 어떤 일을 맡겨도 잘 할 것이다. 하루 네 시간을 연습하고 주 3회 가까이 라운드를 하면서도 70대 스코어를 치지 못하는 사람은 바보다. 그렇게 시간과 돈과 열정을 쏟으면서도 본질에 접근하지 못하는 사람이 리더로 있는 회사가 잘된다는 것도 상상할 수 없는 일이고 상상하기도 싫다.

5 +2 골프는 마음이다

박 . 찬 . 호 . 도 . 소 . 렌 . 스 . 탐 . 도 .
명 . 상 . 을 . 한 . 다

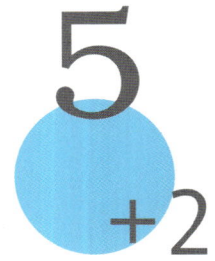

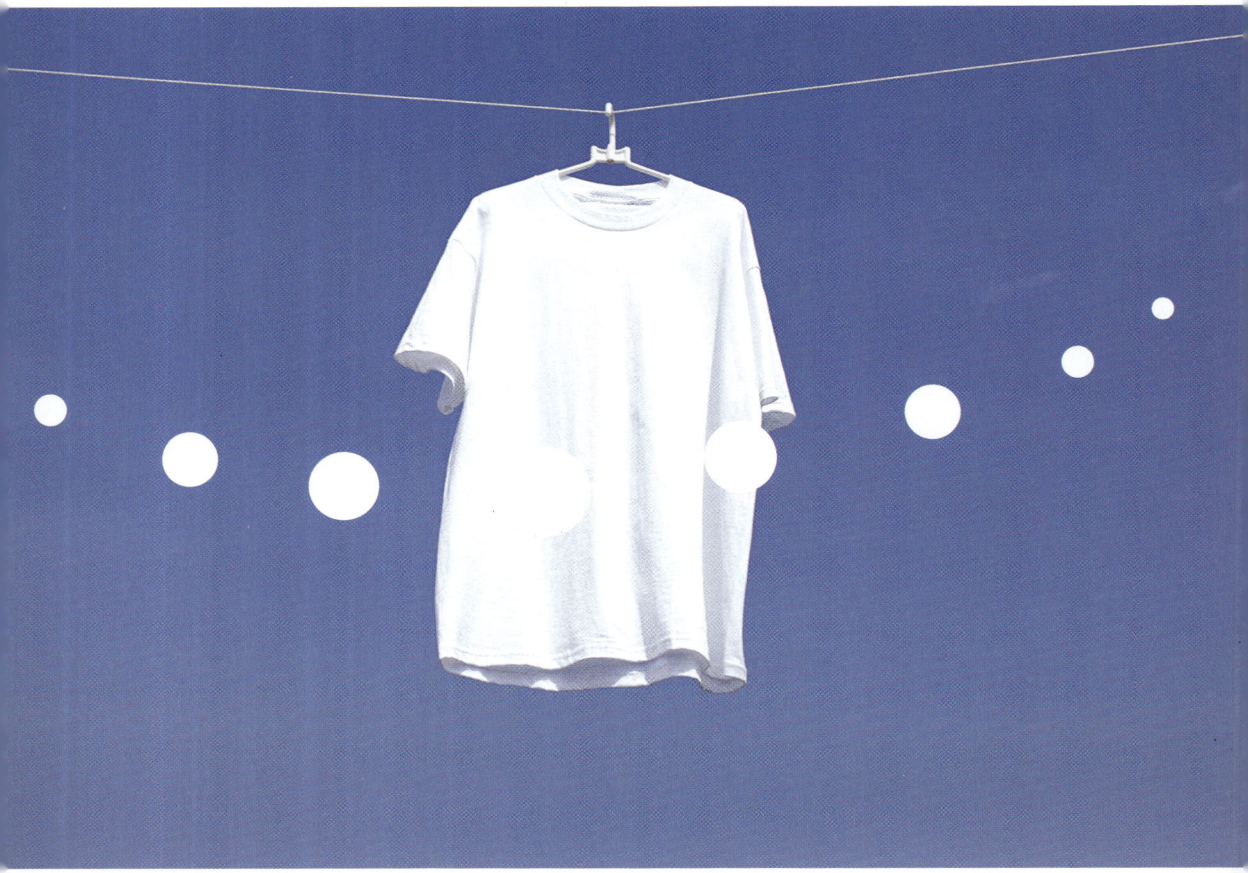

골프는 다른 스포츠에 비해 마음의 영향을 많이 받는 운동이다. 왜 그럴까? 단순하고 쉬운 스윙이 복잡한 환경에서 이뤄진다는 점이 하나의 이유라면 또 하나는 반사운동이 아니라는 사실 때문이다. 생각할 시간 없이 상대의 공격에 순간적으로 반응하는 것이 아니라 오히려 생각할 시간이 너무 많아 괴롭다.

야구 배팅을 해본 사람이 말한다. "움직이는 공도 치는데 멈춰 있는 공쯤이야." 하지만 가만히 있는 것이 골프의 최대의 난점인 것을 알기까지는 그렇게 많은 시간을 필요로 하지 않는다. 멈춰 있는 공을 치는 것이어서 분명 쉬워야 하는데 쉽지 않은 것이 골퍼의 고통이다. 누군가가 골프라는 게임을 창조한 것이라면 **바로 멈춰 있는 공을 때리도록 설정한 데 절묘한 트릭과 반전이 있으리라**.

공을 던지거나 굴려 그것을 때리는 것이 골프라면 지금처럼 병적으로 열광하는 사람 수는 적을지 모르지만 많은 사람들이 훨씬 쉽게 골프를 즐기고 있을 것이 분명하다. 골프가 삶에 주는 교훈이 많은 스포츠라고 한다면 바로 이 대목 때문이다. **마음 공부!** 골프를 잘 치는 사람은 분명 마음을 다스리는 묘책을 가지고 있다. 스스로 인식하고 있든 그렇지 않든 간에 마음을 다스리는 나름대로의 방안이 없으면 잘할 수 없는 게임이 바로 골프다.

5 +3 마음의 병

칭.찬.을.하.면.
고.래.도.춤.을.춘.단.다

1. 과욕

술잔의 종류 가운데 '계영배' 라는 것이 있다. 넘침을 경계하는 잔이라는 뜻으로, 술을 7할 이상 채우면 밑으로 새어나가 욕심을 경계해야 한다는 상징적인 의미를 지닌다.

보기플레이를 하는 사람이 온 그린을 시켜놓고도 제주도에 온 그린이 되었다고 불만스럽게 이야기하는 경우를 흔히 본다. 그린은 보기플레이를 하는 사람이 겨우 올릴 만한 크기로 설계되어 있다. 일단 온 그린 되면 자신의 실력만큼 플레이가 된 것이다. 핀에 가까이 가서 붙여주는 것은 재수고 운이다. 실력에 비해 과도한 기대를 하는 것이 스윙을 망치고 스코어를 망친다.

마음가짐의 문제가 보다 근원적인데도 불구하고 스윙만이 문제라고 생각하고, 있지도 않은 스윙의 문제를 교정하려고 들면 **어떻게 골프로 행복해질 수 있겠는가?** 연습장에서도 방향과 거리가 일정하지 않은 사람이 왜 필드에만 나가면 70대 골퍼보다 엄격한 기준으로 자신을 괴롭히는지 모르겠다.

연습장에서의 연습은 **공의 산포도를 확인하는 과정** 이다. 드라이버건 세컨드 샷이

건 풀 스윙을 기준으로 반경 60미터 원 안에 들어오는지, 30미터 원인지, 20미터 원 혹은 10미터 원인지를 보면 실력을 가늠할 수 있다. 연습장에서는 그 산포를 줄이기 위해 노력하고 샷을 갈고 다듬어야 한다.

연습장은 연습을 위해 만들어놓은 이상적인 상황이다. 이상적인 상황에서 샷이 보이는 공의 산포도는 필드에서의 산포보다 훨씬 적을 것이다. 그런데도 골퍼들은 필드에만 나서면 연습장에서보다 더 정확해지기를 요구한다. 오랜만에 필드에 나와 그 동안 연마한 기량을 맘껏 펼쳐보겠다는 의욕이 나쁠 것은 없다. 오히려 의욕적으로 접근하는 것이 바람직하다. 그렇지만 실력 이상의 기대는 금물이다. 샷을 하면서 먼저 자신이 기대하는 면적을 그려본다. 그리고 그 면적 안에 들어가면 만족할 줄 알아야 한다. **자신을 칭찬해야 한다**. 칭찬해야 다음 샷이 잘 된다. 보기 플레이어가 제주도에 온 그린 된 것은 실수가 아니고 실력이다.

샷의 결과에 대한 지나친 기대도 과욕이고 아무리 연습을 많이 했어도 평균스코어에서 2타 이상 줄이기를 기대하는 것도 과욕이다. 이상이 너무 높으면 현실이 괴롭고, 기대가 크면 좌절이 크다.

2. 실수

골프는 실수의 게임이다. 이론적인 완벽한 스코어는 54타라고 한다. 드라이버가 잘 맞아서 의도한 방향으로 날아가주고 세컨드 샷이 핀 3미터 거리에 가서 붙고 그것을 1퍼팅으로 마무리하면 모든 홀에서 버디다. 그러면 18언더, 즉 54타다. 아무리 타이거 우즈라도 스스로 만족할 만한 샷은 한 라운드에 한두 개에 불과하다는 것과 일맥상통한다. 이븐 파를 치는 프로도 한 라운드에서 열여덟 번의 실수를 하고 있다는 말이다.

보기플레이어는 한 라운드에서 서른여섯 번 실수하는 사람이다. 라운드를 하다 보면 행운이 불운의 수만큼 있게 마련이니 실제 실수하는 타수는 그보다 더 많다고 봐야 한다. 골프에서는 정말 실수가 실력이다. 실수게임을 하면서 실수를 소화해 내지 못하면 성공적인 게임을 할 수 없다. 보기플레이어라면 마흔 번까지는 자신의 실수를 용서해 주자.

어쩌면 골프는 실수에 대한 소화능력을 테스트하는 게임인지도 모른다. 자연환경에서 이뤄지지만 전문가들에 의해 실수를 하도록, 또 **실수하면 한 타를 손해 보도록** 철저히 계산된 지극히 어려운 게임이다. 설계하는 사람 입장에서 실수한 사람도 보기, 실수하지 않고 또박또박 잘 친 사람도 보기, 이런 골프장을 설계하고 싶겠는가? **골프가 아니어도 실수는 우리 삶의 한 부분이다**. 실수하는 것이 문제라기보다는 실수에서 아무런 교훈도 얻지 못하는 것이 더 문제가 아니던가. 실수를 너그럽게 인정하는 마음 공부가 필요하다.

실수를 거듭하면 자신에게 화가 난다. 화가 나면 기가 뜨고, 기가 뜨면 혈이 머리로 몰리고, 머리로 몰린 혈은 열을 내고, 열이 나면 정상적인 운동수행능력이 현저하게 저하되면서 다음의 실수를 예약한다. 실수는 실수를 낳는다.

오비를 내고도 더블보기로 충분히 마무리할 홀에서 양파를 하는 경우는 실수가 또 다른 실수를 가져왔다는 말 외에 설명할 방도가 없다. 실수하지 않기를 바라기보다는 한 번의 실수가 또 다른 실수를 가져오지 않도록 화를 다스리는 방법을 개발할 일이다.

3. 화

골프는 한 번 화가 난 순간부터 다음 순간까지 시간이 충분하다. 티 박스에서 실수로 오비가 났더라도 다른 사람이 샷을 할 때까지 시간 여유가 있고, 오비티에서 칠 때도 걸어 나가면서 화를 다스릴 시간이 충분하다. 그래서 골프가 매력적이다.

실수가 실수로 이어지게 할 것인지 아닌지는 철저히 자신의 선택이다. 절대적으로 강한 상대를 만나거나 자신의 의지대로 시간 여유를 만들어낼 수 없는 스포츠인 경우에는 어찌해볼 도리가 없겠지만 골프에서 적은 자신뿐이다. 스스로를 다스리면 그만이다.

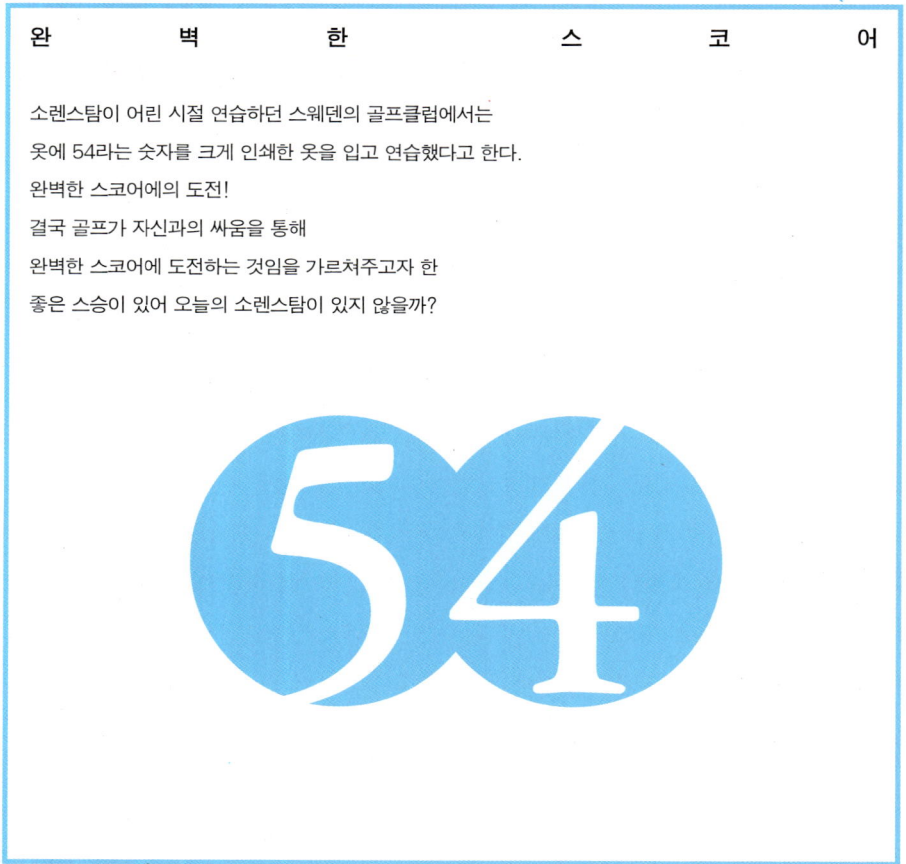

완벽한 스코어

소렌스탐이 어린 시절 연습하던 스웨덴의 골프클럽에서는
옷에 54라는 숫자를 크게 인쇄한 옷을 입고 연습했다고 한다.
완벽한 스코어에의 도전!
결국 골프가 자신과의 싸움을 통해
완벽한 스코어에 도전하는 것임을 가르쳐주고자 한
좋은 스승이 있어 오늘의 소렌스탐이 있지 않을까?

4. 긴장

비기너가 라운드 절대량이 모자라 긴장하는 것이야 어쩌겠는가? 자연이 주는 위압감은 경험이 쌓이면 서서히 사그라질 것이다. 문제는 라운드 경험이 거듭될수록 편해지고 익숙해져야 할 골프가 전혀 그렇지 못하다는 점이다. 일단 주변 사람들이 가만히 내버려 두지 않고 어떻게든 내기를 하려고 든다. 단돈 십 원이라도 내기를 하게 되면 마음가짐이 달라지는 것이 인간이다. 게다가 우리는 도박을 즐기는 **아! 대한민국**의 백성이 아니던가!

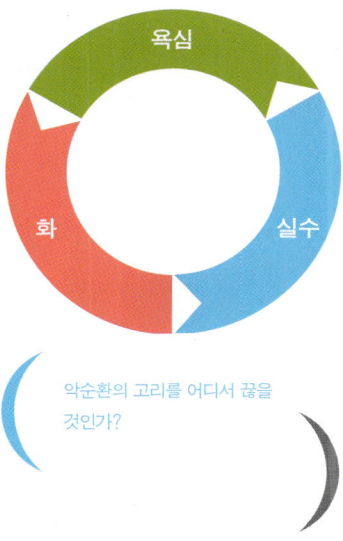

악순환의 고리를 어디서 끊을 것인가?

꼭 내기가 아니어도 긴장된 상황은 계속된다. 접대 골프도 긴장된 상황이기는 마찬가지고, 상수와 게임할 때도 긴장되고, 하수와의 라운드에서는 뭔가를 보여줘야 한다는 부담감이 긴장하게 만든다. 친구와의 편한 라운드도 경쟁심으로 긴장되고 동호회 모임에서도 공을 잘 치는 순서대로 서열이 정해지니 긴장하지 않을 수 없다.

긴장하면 아드레날린의 과다분비로 근육이 경직된다. 긴장감이 없는 상태에서 연습한 훌륭한 샷이 아무런 쓸모가 없어진다. **연습장 프로**라는 말이 있다. 연습장에서는 기가 막히게 잘 치는 사람이 실전에 가서 여지없이 무너지는 것은 긴장감을 이기지 못해 그렇다. 긴장된 상황은 목표와 공에 대한 집중을 집착으로 바꿔놓는다. 내기는 그러한 상황을 연출하는 기폭제다.

화를 다스리는 것과 마찬가지로 긴장을 해소하는 자신만의 방법이 있어야 함은 물론이거니와 샷 또한 긴장에 강하게 만들지 않으면 안 된다. 큰 근육으로 스윙을 연습할 것을 권하는 이유가 바로 여기에 있다. 손목이나 팔을 쓰면 사실 거리감은 더 좋다. 그런데 긴장된 상황에서는 실수 만발이다. 쇼트게임으로 갈수록 긴장은 더욱 고조되고 쇼트 퍼팅에 이르러서 그 긴장감은 최고조를 이루게 된다. 그래서 퍼팅을 할 때 손목이나 팔을 절대 쓰지 않도록 하는 것이다. 긴장과의 싸움, 이것이 골프의 또 하나의 화두다.

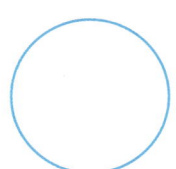

화 는 보 살 핌 을 바 라 는 아 기 와 같 다

화는 보살핌을 간절히 바라는 아기다.
우리도 그 어머니처럼 해야 한다.
화라는 우리의 아기를 의식적으로 품에 안고 달래야 한다.
의식적인 호흡과 보행은 화를 잠재우는 자장가다.
어머니의 사랑의 에너지가
아기의 아픔의 에너지를 삭이는 것과 마찬가지로
자각의 에너지가 화의 에너지를 삭게 한다.
화가 났을 때 남의 탓을 하지 마라.
화가 치미는 순간에 우리는 대개
그 원인을 타인에게 돌리기 쉽다.
자신이 당하는 모든 고통이
다 남들 때문에 빚어진 것이라고 믿으려 한다.
그러나 자세히 들여다보면
바로 자기 안에 들어 있던 어떤 화의 씨앗이
고통을 일으킨 주요 원인이라는 것을 이내 알 수 있다.
(틱낫한 스님의 「화」 중에서)

5+4 게임으로서 골프를 하자

지 . 피 . 지 . 기

스윙이 불완전하고 실수투성이라 하더라도 게임으로서 골프를 즐길 수 있다. 필드는 불완전성을 확인하는 자리가 아니고 게임을 즐기는 곳이다. 골프는 게임이다.

골프는 누가 실수를 적게 하면서 적은 타수로 라운드를 하는가 겨루는 게임이다. 테니스나 탁구를 게임이라 하지 않고 굳이 골프를 게임이라고 하는 이유는 골프라는 스포츠가 게임적인 요소를 그만큼 다양하게 내포하고 있기 때문이다. 게임을 즐기는 사이 몸도 건강해지고 스코어도 향상되어가고 더불어 마음공부도 한다. 골프는 힘자랑대회나 장타대회가 아니라 동반자와 함께 즐기는 스포츠 스코어링 게임이다.

게임이라는 관점에서 유사한 게임을 찾아본다면 서바이벌 게임이나 시뮬레이션 게임을 들 수 있을 것이다. 서바이벌 게임은 자신이 쓸 무기, 버틸 식량, 적과 아군을 정확히 구별하는 방법, 전투가 벌어지는 장소와 상황에 대한 정확한 이해를 전제로 구성된 게임이다. 그런 면에서 **골프는 서바이벌 게임**이라고 할 수 있다.

가지고 있는 드라이버라는 대포의 거리와 방향성은 어떻고 정확도는 어느 정도인가? 아이언이라는 무기는 어떤가? 접근전에서 사용하는 무기들의 성능은 어떤가? 전투가 벌어지는 장소는 어떤가? 골프가 서바이벌 게임이라면 당연히 연구해야 한다.

대포가 성능이 나쁘다고 전쟁을 안 할 수도 없고 싸움에서 지기만 할 이유도 없다. 골프는 대포도 필요하고 박격포도 필요하고 소총, 심지어 마무리를 위한 권총도 필요한 싸움이다. 각각의 무기에 대한 성능만 정확히 알고 있다면 상황에 적합하게 무기를 선택하면서 얼마든지 게임을 즐길 수 있다. 완벽한 무기, 최신예무기만 가지고 하는 게임이 아니다.

자신이 라운드할 코스를 미리 알 수 있고 횟수를 거듭할수록 지형지물에 대한 이해의 폭과 깊이를 더해갈 수 있다는 측면에서, 또 라운드를 하기 전에 전략을 짜 볼 수 있다는 점에서 젊은이들이 열광하는 스타크래프트 같은 전략 시뮬레이션 게임하고도 같다.

1. 코스 연구

골프를 치려면 친구가 있어야 하고 필드가 있어야 한다. 골프를 '잘' 치려면 코스 연구가 필수적이다. 골프를 시작하면 많은 골프장을 다닐 듯하지만 대개 열 곳 내외의 골프장을 다니는 것이 고작이다. 더구나 회원권이 있는 골프장이라면 1년에 30회, 10년이면 300회 이상을 라운드하게 된다.

골프 코스는 철저히 계산된 공간이다. 자연환경을 아무렇게나 재구성해 놓은 것이 아니다. 오히려 계획과 계산에 의해 공간을 최대한 자연환경에 가깝게 포장해 놓은 게임 공간이 골프 코스라고 해야 정확한 표현이다. 코스를 아느냐 모르느냐가 적어도 5타 정도의 차이를 가져온다는 것이 프로들의 공통된 의견이다. 코스에 따라 드라이버를 잘 치느냐 못 치느냐가 스코어를 결정하는 곳도 있고 페어웨이 언듈레이션이 많아 드라이버를 아무리 잘 쳐도 세컨드 샷을 잘 치기가 정말 어려운 코스도 있다. 어떤 코스는 너무나 평이하게 보여 쉽게쉽게 공을 치는데도 스코어가 잘 나오지 않는 골프 코스도 있다. 퍼팅으로 난이도를 높인 골프장도 많다. 우리나라는 땅값이 비싸고 평지가 별로 없기 때문에 코스의 거리가 짧고 페어웨이가 좁으며, 그린 주변에 변화와 핸디캡이 많은 것이 특징이다.

프로에게 경사가 있는 120야드 샷이 쉬운지 평평한 150야드 샷이 쉬운지 물어보면 선뜻 평평한 150야드가 쉽다는 대답을 들을 수 있다. 그렇다면 드라이버로 250야드를 보내고 내리막 경사에서 세컨드 샷을 해야 하는 경우와 220야드를 보내고 평지에서 스윙을 하는 경우, 두 가지 상황에서 어느 쪽을 선택해야 좋은가? 당연히 220야드를 보낼 궁리를 하는 편이 옳다.

선택이 항상 좋은 결과를 가져오지는 않는다. 선택은 좋았으나 실행이 잘못된 경우가 얼마든지 있을 테니까. 그렇다고 올바른 선택을 포기해서는 안 된다. **골프는 확률 게임이다**. 한두 번 실수할지는 몰라도 언제나 확률이 높은 쪽을 선택해야 하는 게임이다. 시간이 지나면서 확률대로 되어갈 수밖에 없다.

실수를 실수로 받아이도록 설계한 골프장을 우리는 좋은 골프장이라고 한다. 명문 골프장의 필수조건이기도 하다. 잘 친 사람이나 못 친 사람이나 결과가 비슷하고 운에 의해 점수 차이가 난다면 좋은 골프 코스가 아니다. 골프를 실수가 축적되는 게임이라고 할 때, 실수에 페널티가 주어지는 상황을 연출하는 것이 골프 코스를 설계하는 사람의 기본적인 임무인 셈이다.

철저히 연출된 공간에서 즐기는 게임인데도 불구하고 골퍼들은 감에만 의존하고 코스를 연구하지 않는다. 연습장 평면에서의 거리감이란 참고사항일 뿐이다. 실제 라운드를 하면서 공이 어디쯤 떨어지는지 몇 차례에 걸쳐 기록하고 또 쇼트 홀에서의 클럽 선택을 기록하다 보면 라운드에서의 거리를 정확히 알 수 있다. 그렇게 해서 파악한 거리가 자신의 거리다.

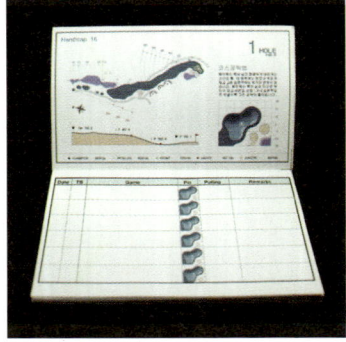

코스 공략집. 하우투 회원들을 위해 인터넷에서 내려받아 직접 제작해보았다. 이렇게 시간과 노력을 많이 들여서 만들 것까지야 없지만 자신이 자주 가는 골프장은 한 번쯤 만들어 보는 것도 재미있다.

자신만의 자료집을 만들어야 한다. 라운드 북이기도 하고 워킹 맵일 수도 있다. 기존 골프장에서 제공하는 자료가 있다면 거기에 더해 자신의 발로 직접 걸어본 거리를 기록해 가는 것이 시작이다. 홀마다 주의사항을 매번 더해가면 된다. 바람의 방향도 기록한다. 똑같은 홀이라 하더라도 계절에 따라 느낌이 전혀 다를 것이다. 클럽 선택도 달라질 테고, 아침과 저녁이 또한 다르다.

각각의 홀에서 어떤 성공이 있었고 어떤 실패가 있었는가. 한 번의 라운드로 기록할 수 있는 정보의 양은 많지 않다. 하지만 계속 쌓여가는 정보의 양은 산술적인 합이 아니라 기하급수적인 양이 되고, 그것은 기대 이상의 좋은 자료가 될 것이다. 자주 가는 골프 코스를 중심으로 코스를 하나하나 연구하면서 차츰 정복해 가자.

코스를 파악하면 코스에 따른 연습 과제도 달라진다. 드라이버를 치고 나서 피칭웨지를 자주 잡게 되는 코스라면 피칭웨지 연습을 많이 해야 하고, 쇼트 홀이 180야드 정도 되는 홀이 많다면 180야드 쇼트 홀을 공략할 방법을 연습해야 한다.

타이거 우즈가 브리티시 오픈에서 우승하기 위해 아예 자신의 샷을 바람에 강한 샷으로 바꿨다고 하지 않던가? 아마추어는 그렇게까지 할 수 없다 해도 라운드 북을 잘 연구하면 무엇이 필요한지 쉽게 알 수 있다. 설계자와의 대화라고나 할까. 설계자의 의도를 파악하고 회심의 미소를 지어보자.

미국에서는 작은 대회라도 대회가 열리는 골프장에서는 시합 며칠 전부터 동네 사람들이 나와 자신이 만든 라운드 북을 판다. 노력에 따라 10달러도 받고 5달러도 받는다. 아마추어들이 만들었지만 담고 있는 내용은 대단하다. 시합에 참가하는 선수는 그중 몇 개를 사서 취합하고 연습라운드에서 자기 나름의 라운드 북을 만드는 것이 상식화되어 있다. 우리나라에도 빨리 그런 골프 문화가 정착되었으면 좋겠다.

2. 코스 전략

골프는 시뮬레이션 게임과 같아서 자신이 짠 작전대로 전개되는 과정을 즐길 때 더욱 재미를 만끽할 수 있다. 사람들은 작전 게임으로서의 골프를 즐길 줄 모른다. 작전은 자신이 만든 라운드 북을 토대로 수립할 수 있다.

타이거 우즈는 라운드를 할 때 18홀을 이미지로 수없이 라운드한 후, 실제 라운드에 앞서 매 홀을 어떻게 공략할지 미리 결정한다고 한다. 예상하지 못한 결과에 대해서만 임기응변으로 대응한다. 조건과 상황이 바뀌면 시나리오를 변경하는 것이다. 골프를 오로지 스윙의 문제로만 환원할 것이 아니라 작전을 세우고 작전에 놓친 부분이 있으면 다음 번에는 무엇을 보완할지 연구하는 재미를 만끽하자.

작전이 없으면 330야드밖에 안 되는 서비스 미들 홀에서도 무조건 드라이버를 잡는다. 스푼으로 쳐도 충분하고 아니면 아이언을 잡아도 충분한 거리를 왜 무리하게 드라이버로 칠까? 머릿속으로 작전을 그리고 그 작전 대로 공이 날아가 주었을 때의 기쁨을 무엇으로 설명할 수 있을까? 180야드 정도의 거리가 꽤 있는 쇼트 홀에서 스푼이 자신 없다면 어차피 이르지 못할 거리, 쇼트 아이언으로 다음 샷을 공략하기 쉬운 지점까지만 보내면 어떨까. 점수를 내기 위한 온갖 궁리를 다 해보는 것. 그것이 골프다. 그것이 골프의 재미다.

전략 시뮬레이션 게임으로서의 골프를 생각해 보면 당연히 코스를 공략할 전략이 필요하다. 위험은 절대적으로 피해가야 한다. 아마추어는 구질이 대부분 슬라이스다. 슬라이스 구질을 전제로 페어웨이 한가운데 떨어지도록 에임이 되어야 한다.

세컨드 샷도 마찬가지다. 보기플레이어라면 당연히 핀을 보고 샷을 할 것이 아니라 그린 중앙에 볼이 떨어지도록 방향을 설정해야 한다. 벙커가 있으면 벙커를 피해 에임을 하고 해저드에 들어갈 위험이 조금이라도 있다면 절대로 해저드를 피해 에임을 해야 한다. 다음 샷을 하기 쉬운 곳을 찾아다니는 골프를 해야 한다. 실력이 안 된다고 에임 자체를 적당히 하는 경우가 많은데 실력이 안 되면 더욱더 에임에 정성을 기울여야 한다. **골프는 서는 것이 반**이라는 말이 있다. 아무리 좋은 스윙을 가지고 있더라도 에임이 잘못되면 좋은 스윙을 할 수조차 없다.

연습장에서 좋은 스윙을 하다가도 필드에만 나가면 스윙이 안 되는 사람은 특히 목표를 설정하고 그것에 맞춰 서는 데 문제가 없는지 전문가와 동반라운드를 해볼 필요가 있다.

공격적인 것만이 미덕은 아니다. 게임에서는 공격할 때가 있고 위험을 피해 가야 할 경우가 있는데 아마추어 골퍼는 무조건 공격 일변도의 플레이를 하려 든다. 심지어 티 샷에서 실수로 공이 러프에 들어갔는데도 실수를 당장 그 자리에서 만회하려고 덤벼들어 보기로 막을 스코어조차도 양파를 만들고야 만다. 한 번의 실수는 한 타로 겸허하게 받아들이자. 그것이 골프로부터 배울 수 있는 인생 교훈, 즉 정직함이다.

골프 코스를 공략하는 방법을 미리 구상하는 것도 공격 일변도의 골프를 한 단계 끌어올리기 위함이다. 수렵생활에서 기인한 인류의 오래된 습성인지 모르겠지만 골퍼들이 들판에만 서면 흥분을 한다. 야성이 살아나서인지 공격적이 된다. 그런 자신을 다스리는 방법으로 미리 상황을 설정하고 공략 계획을 수립하는 것이다. **계획대로 되었을 때의 기쁨, 계획대로 되지 않았을 때의 반성**이 골프가 주는 또 다른 매력이다. 계획이 잘못되었다면 다음 라운드에서 계획을 수정하면 되고 실행이 잘못되었다면 실행능력을 키우면 될 일이다. 욕심 하나에 목숨을 걸고 욕심 하나로 모든 것을 무너지게 만드는 골프는 이제 그만해야 한다. 정신건강을 위해서라도.

코스 공략 계획을 이야기하면 '아! 잘 치는 사람들이나 하는 것'이라고 치부해 버리는 사람이 있다. 절대 그렇지 않다. 왕초보 때부터 시작하는 것이 작전이다. 왜냐하면 골프는 본질적으로 작전게임이기 때문이다. 연습장에서 7번 아이언만 가지고 연습했다면 연습한 것을 활용해 최대한의 스코어를 내려고 노력하는 것이 올바른 자세다. 두세 번 연속되는 드라이버의 실수를 필드에서 교정하면서 라운드를 할 필요는 없다. 스푼이 잘 맞는다면 스푼으로, 그것도 자신이 없다면 아이언으로 티 샷을 한다고 누가 뭐라 할 사람은 없다.

드라이버 문제를 교정하는 것은 연습장 과제로 넘기고 그날 라운드에서 최선의 스코어를 만들어내려고 노력해야 한다. 현재 수준에서 할 수 있는 모든 수단을 동원해 베스트 스코어를 내는 전투가 골프다. 무기가 변변치 않다고 전쟁을 포기할 이유는 없다. 무기가 부실하면 더 좋은 작전이 필요하다. 상식으로부터 출발하자.

3. 스코어 전략

제 마음대로 날아가는 인텔리전트 볼이 개발되지 않는 한 골프스코어는 거짓이 없다. **핸**

디는 잔디 밑에 숨어 있다고 하지 않는가? 평소에 보기플레이 정도를 하는 사람이 필드에만 나가면 생애 베스트 스코어를 욕심 내니 골프가 마음대로 될 리 없다. 당구든 탁구든 테니스든 실력 이상을 기대하는 정도가 골프만큼 심하지는 않은 듯하다. 유독 골프에만 지나친 자신감이나 과대망상을 갖게 된다.

라운드를 앞두고 연습장에서 연습이 기대 이상 잘 되면 다음 날 라운드를 망칠 가능성이 높다. **지나친 자신감이 화근**이다. 오히려 드라이버가 마음먹은 대로 잘 맞아주지 않아 걱정스럽게 라운드를 시작하면 베스트 샷은 아니어도 큰 문제 없이 라운드를 하게 된다.

과도한 기대나 넘치는 자신감보다는 실력만큼의 기대와 합리적인 목표 설정으로 라운드를 해보자. 최근 스코어가 90이라면 90을 기준으로 조금 상향된 목표를 설정하고 그 날의 라운드를 계획해 보자. 연습량이 많지 않은 주말 골퍼라면 전반 9홀에 10타를 오버하고 후반에 조금 컨디션을 회복해 8오버를 치면 될 일이다. 어쩌다 기록한 생애 베스트스코어로 자신을 괴롭히지 말자.

전반 10오버라고 하면 트리플이 한 개, 더블보기가 한 개, 보기가 다섯 개, 그리고 나머지 두 개의 파를 잡으면 된다. 그날 라운드를 하기 전에 빈 스코어 카드에 스코어 계획을 세워본다. 핸디캡 홀을 중심으로 희망 스코어를 기록한다. 핸디캡 1번 홀을 더블로 기록하고 2번 핸디캡 홀에도 2를 기록하면 된다. 트리플은 예상치 못한 상황에 대한 히든 카드로 남겨놓는다. 보기플레이어에게 한 번의 트리플은 있어도 된다. 가끔은 버디도 있는 법이니까.

그리고 핸디캡에 따라 보기플레이를 할 홀을 기록한다. 자주 가본 골프장이라면 핸디캡이 있는 홀이냐 아니냐와 관계 없이 스코어가 유난히 잘 나오는 홀이 있고 남들은 쉽다고 하는데 이상하게 어려운 홀이 있게 마련이다. 그것도 스코어 계획에 반영하면 된다.

이렇게 놓고 보면 정말 못할 것도 없는 스코어다. 게다가 초반에 버디라도 하나 나와주면 스코어 관리가 너무 쉬워진다. 더블보기 플레이로 예상한 홀은 보기플레이를 할 각오로 플레이를 전개한다.

드라이버가 자신이 없으면 스푼으로 티 샷을 하고 아니면 아이언으로 티 샷을 해도 무방하다. 드라이버를 치더라도 100야드만 보내면 된다는 심정으로 살살 친다. 쓰리 온에 투 퍼팅이면 되는 홀인데 퍼팅이 잘 안 되어 쓰리 퍼팅을 하면 더블보기여서 그만이고, 투 퍼팅으로 마무리가 되면 더블보기 플레이를 목표로 한 홀이었는데 보기로 막을 수 있어 한 타를 세이브한 셈이다. 한 홀 한 홀 지나면서 스코어를 저축해 간다면 언젠가 트리플을 하거나 파를 계획한 홀에서 보기를 한다 하더라도 저축한 것을 써먹었으니 아쉬울 것도 없다. 대개 첫째 홀에서는 80대를 치는 골퍼라면 보기로, 90대를 치는 골퍼라면 더블보기 플레이로 계획하는 것이 좋다. 처음부터 계획대로 안 되는 상황을 연출할 이유도 없을 뿐더러 아마추어 골퍼는 충분히 스트레치를 안 하고 라운드를 시작하기 때문에 몸이 적응하기까지 어느 정도 시간이 걸리는 것이 당연하다.

주말 골퍼들은 아웃에서 제 실력보다 좋은 스코어가 나오면 과도한 기대로 인코스의 스코어를 망치고, 아웃코스에서 스코어가 나쁘면 인코스조차 포기해 버리는 경향이 있다. **아웃과 인 코스를 별개 라운드로 생각하고 관리하면 스코어를 보다 더 잘 관리할 수 있다**. 코스를 연구하는 재미도 재미려니와 스코어를 관리하는 재미도 만만치 않다. 코스전략이나 스코어 전략은 동전의 앞뒷면과 같다. 하면 할수록 심도 깊어지고 재미가 더해간다.

5 자신의 홈 코스를 만들자
+5

고수를 불러다 혼을 내줄 만한 자신만의 코스를 상상해 보라. 상상만으로도 기분 좋은 일이 아닌가. 또 홈 코스에 누군가를 초대해 함께 라운드할 때 상대방이 놀랄 만큼 상세하게 코스를 안내할 수 있다면 자신의 다른 면모를 드러낼 좋은 기회가 된다.

회원권을 가지고 있는 코스만 홈코스일 필요는 없다. 퍼블릭이거나 인터넷 부킹이 비교적 잘 되는 골프장이라면 임의로 자신의 코스라고 정하면 된다. 한 코스에서 지속적으로 라운딩을 하면 거리나 방향에 대한 기준을 빨리 마련할 수 있고 자신감도 생긴다.

골프를 잘 치는 사람들 중에 자주 라운드 하는 코스나 처음 가보는 코스나 스코어의 차이가 별로 없는 것을 자랑삼아 이야기하는 사람들이 있다. 그것은 골프에 대한 무지와 연구 부족을 드러내는 행위이다. 연구하고 노력하면 훨씬 안정적인 스코어를 얻을 수 있을 뿐만 아니라 홈 코스에서는 틀림없이 5타는 줄일 수 있다. 낯선 곳에서 잘 치는 것이 아니라 홈 코스에서 그만큼 못 치고 있음을 왜 모를까? **주변에 펼쳐진 산과 코스에 핀 들풀의 이름까지 이야기할 수 있는 나만의 코스를 개발하자.**

5 골프 다이어리
+6

프로나 주니어 선수만 라운드 후에 반성하는 시간을 가질 것이라고 생각할지 모르지만 그렇지 않다. 라운드 후 반성을 습관화하자. 그리고 가능하면 마음속으로 할 것이 아니라 글로 쓰자. 일기건 편지건 글을 안 쓰고 산지가 벌써 몇 해인데 골프 하면서까지 글을 써야 하느냐고 고개를 가로저을지 모르겠다. 그것은 각자의 선택이다. 강요할 수도 없고, 그런다고 해서 될 일도 아니다. 하지만 골프 다이어리를 쓰기 시작하면서 골프가 행복해졌다는 사람이 많다는 사실을 이야기해 두고 싶다. 평생 안 쓰던 글을 다시 쓰게 된 행복까지 얻었다고 기뻐한다.

골프는 실수의 게임이라고 설명한 바 있다. 한두 번 실수가 아니다. 골프에서 라운드는 여러 번의 실수로 짜인 한 편의 드라마다. 내 실수만이 아니라 동반자의 실수까지 엮여 더욱 드라마틱해진다. 영화나 드라마를 보고 나면 그렇듯 가장 강렬한 장면 한두 곳만 생각나고 나머지는 어떤 실수가 있었고 왜 그런 실수를 했는지 아련한 망각의 늪으로 재빨리 사라지고 만다. 빨리 사라져버리지 않으면 괴로워서 골프를 그만두는 사람이 많아질 것이다.

뇌란 기억의 법칙도 망각의 법칙도 자신의 생존에 유리한 쪽으로 만들게 마련이다. 생존에 별로 중요하지 않은 기억이라면 빨리 처리해 망각 창고에 던져버리는 것이 뇌의 생존 전략이다. 실수를 여러 가지로 분류할 수 있겠지만 크게 **판단의 실수, 선택의 실수, 스윙의 실수** 세 가지로 나눌 수 있다. **모든 실수는 스윙의 실수로 이어진다**. 그래서 사람들은 결과만 기억하고 실수하지 않으려면 스윙을 바로잡으면 된다고 생각한다. 그것이 반성의 전부다.

예를 들어 왼발 내리막 경사는 프로도 되도록이면 그런 상황을 연출하지 않으려고 신경을 쓸 만큼 거리나 방향 조절이 어려운 샷이다. 그런데 아마추어가 롱 아이언으로 투 온을 시키려고 덤비다 뒤땅을 때리거나 심한 슬라이스를 내 오비가 나버린다면 어떻게 스윙의 실수로 분류할 수 있겠는가? 평지에서도 잘 안 되는 롱 아이언 샷이 경사에서 성공하는 것은 실력이 아니라 운이다.

스윙의 실수는 시간을 가지고 서서히 고쳐갈 수밖에 없다. 하지만 선택의 실수, 판단의 실수는 쉽게 고칠 수가 있다. 라운드 경험이 계속되고 자신의 라운드를 객관적으로 바라보면서 반성을 지속한다면 선택과 판단 능력도 비약적으로 성장한다.

그런데 놀라운 사실은 실수를 객관적으로 나열해 놓고 보면 왕초보가 아닌 다음에야 스윙 자체의 실수보다 판단의 실수나 선택의 실수가 더 많다는 점이다. 라운드 후에 스코어 카드를 들여다보면서 첫 홀부터 실수한 장면을 하나하나 떠올려 보자. 그리고 어떤 종류의 실수였는지 분류하자. 구체적으로 바라보지 않으면 조금만 시간이 지나도 모든 상황이 추상화되어 버려 "오늘 드라이버는 그런대로 괜찮았어. 아이언의 방향에 조금 문제가 있었고 결정적으로 퍼터가 문제였어."라는 식으로 되어버린다. 그나마 생각하지 않는 것보다는 훌륭하지만 반성도 아무것도 아니다. 선택과 판단의 실수를 찾아내고 반성하는 것이 실력 향상으로 가는 지름길이다. 더불어 동반자와 나눈 이야기도 기록하고 사진이라도 찍어 함께 모은다면 이보다 더 좋은 취미생활이 있을까!

디 카 예 찬 론

10년 전만 하더라도 전문가들이나 할 만한 일을 지금은 아무나 할 수 있게 된 일들이 참 많다.

그 중에서 대표적인 예가 사진을 찍는 일이다.

노출이 어떻고 조리개가 어떻고 필름은 어떤 것을 선택해야 하고…….

쉽게 알아듣기 힘든 말들과 개념은 겨우 이해했다고 하더라도

현상소에 맡겨서 직접 손에 넣기까지의 비용 때문에도 보통 사람들이 접하기 어려운 분야였다.

기술과 비용의 문제를 모두 넘어서고서도 "그렇게 어렵게 찍은 결과가 이거야?" 하고

주변의 평이 썰렁하면 더 이상 사진 찍기에 몰입할 수가 없어져 버리고 말았다.

이제는 다르다. 요즘 대학 다니는 아이들은 강의를 노트하지 않고 디카로 찍어버린다.

7080들에게 사진 찍기가 하나의 사건이고 행사였다면

지금은 그저 하나의 일상이고 눈으로 보는 행위의 감각적인 연장일 뿐이다.

사진을 찍는 일이 일상이다 보니 사진을 찍히는 일도 자연스럽다.

사진기만 들이대면 온 몸이 굳어버리는 우리와는 다르다.

인터넷의 발달과 카메라 기술의 진보, 결과적인 가격인하로

사진 찍기는 자기표현의 한 영역으로서 확고히 자리를 잡았다.

우리는 글로 쓰는 것도 시(詩)지만 사진으로 찍는 것도 시(詩)가 되는 시대를 살고 있다.

Auto 기능이 매우 발달해 있고 사진으로 출력하기 전에 찍힌 상태를 확인 할 수 있는 단계들이

쉽게 되어 있기 때문에 잘 찍으려 하기보다 많이 찍으려는 노력만 하면 된다.

전혀 카메라를 몰라도 된다. 자동차의 구조를 몰라도 운전이 가능한 것과 같다.

"100장의 사진을 찍어서 1장만 건지면 된다"는 심정으로

적절한 타이밍에 셔터를 눌러대기만 하면 된다.

골프는 아름다운 정원에서 네 사람이 함께 하는 게임이기 때문에

골프를 치는 동안 평소에는 연출되지 않은 좋은 장면들을 만날 수 있다.

기대, 바람, 긴장, 아쉬움, 억울함, 행운 등 인간의 희로애락이 담긴 다양한 표정들이 골프장에 있다.

골프를 즐기는 방법은 다양하다.

나는 골퍼들에게 필드에 나갈 때 디카를 가지고 가서 골프장의 갖가지 표정을 담아볼 것을 권하고 싶다.

골프장에서 스코어를 향상시키는 것도 중요하지만

디카를 잘 활용해서 골프의 극적인 순간을 담아보는 것도 삶을 풍요롭게 하는 한 방법이다.

동반해서 라운딩 했던 사람들에게 선물 하는 것도 큰 즐거움이 될 것이다.

5 +7 타이거 우즈가 한국에서 골프를 친다면

타이거 우즈가 한국에서 골프를 친다면 어떨까? 주말 골퍼 같은 생활을 한다면 70대를 유지하기 힘들 것이다.

그 이유는 먼저 **연습을 제대로 할 수 없기 때문**이다. 연습장까지 한 시간 정도 걸리고 가서 기본 30분은 기다려야지, 연습을 할라치면 주위에서 떠들지, 뻥뻥 치는 것 이외에 떨어져 구르는 것이 안보이니 쇼트게임은 연습할 수가 없거나 해도 효과가 적다. 풀 스윙을 연습하더라도 딤플이 제대로 보이지도 않는 공이 많아 공의 구질을 정확히 파악할 수도 없다. 잘 맞은 것 같은데 날아가는 것을 보면 형편이 없어서 공연히 스윙을 다시 고쳐 쳐보게 된다. 힘도 들어가고. (참고로 타이거 우즈 정도 되는 선수는 연습에 사용하는 공도 라운드에서 사용하는 것과 같다. 그것도 새 공이다.)

골프장 가는 길도 멀다. 직접 한 시간 이상 운전하고 가서 옷 갈아입고 허겁지겁 밥 먹고 숨 돌릴 틈도 없이 티 박스에 서야 한다. 새벽 티 오프면 잠이 덜 깨어 그렇지 그나마 교통체증은 없는 편이지만, 오후 라운드라도 되면 여유롭게 출발해 간다고 해도 도무지 알 수 없는 것이 우리네 도로 사정인지라 예정보다 늦게 도착하기 일쑤다. 그러면 마음이 급해져 기가 뜬 상태에서 골프를 시작하게 된다. 기가 뜬 상태에서 골프가 잘될 확률은 만 번에 한 번이다.

게다가 라운드 전 연습을 할 수 없다. 퍼팅 그린을 열어놓은 곳은 그나마 다행이고 아침 라운드에는 오픈조차 안 해 놓은 곳이 더 많다. 칩핑 샷은 아예 해볼 엄두도 내지 못한다. 리듬이고 템포고 생각할 겨를이 없다.

코스에 대해서 전혀 모르고 시작하는 경우도 많다. 다음 샷을 하기 좋은 곳이 어딘지 모르고 친다는 것은 벌써 거기서 몇 타를 손해 보고 시작하는 것이다.

페어웨이도 미국처럼 넓지 않다. 반쪽밖에 없는 페어웨이에, 그린 관리 상태도 형편이 없다. 잘 못 쳐서 홀 컵의 땡그랑 소리를 못 듣기도 하지만 잘 친 공도 울퉁불퉁 본대로 가주지 않는다.

캐디도 운이 좋으면 실력 있는 사람을 만날까 대부분 초보자다. 그래서 캐디가 알려주는 거리도 방향도 정확하지 않다. 캐디가 게임을 위한 도우미라기보다 진행요원처럼 느껴질 때가 많다.

연습장에도 잘 안 가지만 골프를 위해 별도로 웨이트트레이닝도 스트레칭도 할 수가 없다. 전문 트레이너도 없다. 골퍼를 전문적으로 상담해 주는 심리치료사도 없다. 이런 상황에서 도망치듯 골프를 친다면 아무리 타이거 우즈라도 바로 80대 골프가 되어버릴 것이다.

이상의 이야기는 한국의 골퍼들이 얼마나 어려운 환경에서 골프를 치고 있는지 보여준다. 스스로 보기플레이어라고 하는 사람은 많지만 실제로 현재 보기플레이 이상을 하는 사람은 전체 골프 인구의 10퍼센트가 채 안 된다. 보기플레이를 했던 아련한 기억이 있을 뿐인 사람이 보기플레이어라고 착각하는 경우가 더 많다. 사실 이런 상황에서 아마추어가 안정되게 보기플레이를 하는 것은 정말 대단한 일이다.

지금의 타이거 우즈를 만든 것은 물론 재능도 있겠지만 타이거 우즈가 만들거나 누리고 있는 조건과 환경, 즉 생활이다. 테니스나 탁구, 야구, 농구를 보면, 물론 전문적인 선수의 훈련과정이야 삶 전체를 투입해야 하지만 아마추어는 하루 한 시간 정도의 노력으로 몇 개월을 노력하면 골프의 싱글플레이어에 해당하는 실력을 갖추게 된다. 그러나 **골프는 생활의 일부만 투자해서 되는 스포츠가 아니다**. 투어 생활을 하다 레슨 프로로 생활을 하게 된 경우만 봐도 다시 좋은 성적을 내기가 정말 힘들다는 사실을 프로들이 스스로 잘 알고 있다.

생활이 바뀌면 골프가 바뀐다. 골프가 바로 생활이다. 골프가 기술이 아니고 도에 가깝다면 삶의 한 부분을 걸쳐놓고는 닦기 힘들 것이 분명하다. 수양하고 수련하는 마음으로 생활 전체를 걸어야 한다.

5 +8 골프에 필요한 몸 상태

FITNESS Test Sheet

회원명 _____
측정일시 _____
담당프로 _____

구분	항목	단위	점수테이블							측정점수				
			1	2	3	4	5	6	7	1차	2차	3차	4차	5차
유연성	하퇴부의 스트레치	cm	2.5	0	2.5	5	7.5	10	12.5					
	상체부의 스트레치	cm	2.5	5	7.5	10	12.5	15	17.5					
	좌측면굽히기	cm	5	10	15	20	25	30	35					
	우측면굽히기	cm	5	10	15	20	25	30	35					
	상체좌회전	각도	15'	30'	45'	60'	75'	90'	105'					
	상체우회전	각도	15'	30'	45'	60'	75'	90'	105'					
	Subtotal													
근력	대퇴근력	초	20(12)	30(18)	40(24)	50(30)	60(36)	70(42)	80(48)					
	상체근력	횟수	5(3)	10(6)	15(9)	20(12)	25(15)	30(18)	35(21)					
	악력	횟수	5(3)	10(6)	15(9)	20(12)	25(15)	30(18)	35(21)					
	복부근력	횟수	30(20)	35(25)	40(30)	45(35)	50(40)	55(45)	60(50)					
	Subtotal													
지구력	2.5km 쿠퍼테스트	분	16(21)	14(20)	12(18)	11(16)	10(15)	9(13)	8(11)					
종합점수														

1. 부드러운 몸

오늘도 수많은 프로들이 헤드업을 하지 말라고 아마추어들에게 강조하고 있다. 헤드업의 근본 원인은 몸이 유연하지 못해서다. 뒤집어 이야기하면 몸이 굳으면 헤드업을 하기 쉽고 헤드업을 하면 공을 정확히 맞힐 수 없다. 유연성 문제를 의지의 문제로 환원해 놓으니 답이 잘 안 나온다. 많은 아마추어들이 피니시 자세가 좋지 않다. 팔로우 쪽의 회전 유연성이 부족해 그런 경우가 많다. 백 스윙도 왼쪽 어깨가 오른쪽 무릎 선 가까이 회전해 주어야 하는데 허리 쪽이 굳어 돌아가지 않으니 어찌해 볼 방법이 없다.

나이가 들어가면서 골프가 잘 안 되는 것을 당연하게 받아들이지만 사실 근력 문제라기보다 유연성 문제인 경우가 더 많다. 거리가 현격히 줄어드는 것도 근력보다는 유연성에 기인하는 바가 크다. 거리를 많이 내는 사람을 보면 강한 어깨를 이야기하지만 사실 프에는 부드러운 어깨가 더 필요하다. 골프 레슨을 받아본 사람이라면 누구나 "**부드럽게 치세요.**" 라는 잔소리를 안 들어본 사람이 없을 것이다. 부드럽게 치려면 부드러운 몸을 유지해야 한다. 몸이 뻣뻣한데 어떻게 부드러운 스윙을 할 수 있겠는가?

연습을 많이 하면 필요한 부분에 유연성이 생긴다. 그런데 그것은 선수에게나 해당되는 이야기지 하루에 한 시간도 연습하기가 어려운 아마추어 골퍼가 연습하면서 몸이 부드러워지기를 기대해서는 안 된다. 몸이 부드러워지기 전에 굳어 있는 몸에 맞는 자기류의 스윙이 먼저 자리를 잡아버린다. 몸을 부드럽게 만들기 위한 운동을 별도로 해야 한다. 골프 연습으로 인한 피로를 푸는 과정이기도 하고, 보다 표준적인 스윙을 몸에 익히기 위한 노력의 일환으로도 스트레칭을 부지런히 해야 한다.

"정말 골프를 잘 치고 싶으십니까? 그러면 먼저 몸을 부드럽게 하세요."
몸 상태가 불완전한데 그 몸으로 스윙을 익히면 다시 고치는 데 더 많은 시간과 노력이 든다. 그것은 그만큼의 비용을 의미한다.

몸을 부드럽게 만드는 일은 참 지루하고 시간이 많이 걸린다. 한 번 몸이 굳기는 쉬워도 굳은 몸을 다시 부드럽게 만드는 데는 고통이 따른다.

살을 빼기는 어려워도 불리는 것은 잠시 잠깐이다. 며칠만 신경을 안 쓰고 적당히 넘어가면 어느 순간 저울의 눈금이 상상을 넘어선다. 저울로 달아볼 수도 자로 잴 수도 없는 것이지만 몸의 유연성 역시 몇 가지 기준을 가지고 테스트해 보면 어느 순간 굳어버린 몸을 발견하게 된다.

유연한 몸을 관리하는 데 왕도는 없다: 매일 꾸준히 규칙적으로 몸을 풀어주고 스스로 점검하는 수밖에 없다. 특히 연습을 하거나 라운드를 하고 나면 반드시 그날 수고한 몸을 더듬고 주무르면서 하루의 노고를 풀어주고 한껏 늘려줘야 한다.

스트레칭의 기본은 오그라드는 몸을 늘려주는 것이다. 생활과 운동은 몸을 구부러지고 오그라들게 만든다. 나이가 들면서 목도 짧아지고 키도 줄어든다. 굳으면 막히고 막히면 기혈의 순환이 안 되고 그래서 병이 된다. 헬스클럽이 많이 생겨 근력운동을 많이 하는데, 근력운동은 기본적으로 근육을 뭉치게 하는 운동이다. 뭉치게 했으면 다음에는 풀어

줘야 한다. 운동이라고 다 건강에 좋은 것은 아니다. 뭉친 것을 풀어주지 않으면 독이 될 수도 있다.

무협소설에서 근육형 무사가 싸움을 잘하는 경우는 없다. 공포 분위기만 조성하다 사라진다. 근육형 신선을 그림에서라도 본 적이 있는가. 부드럽고 강한 건 좋지만 강하기만 한 것은 좋지 않다.

2. 골프에 필요한 근력

골프를 치는 데는 생각만큼 많은 근력이 필요치 않다. 여자와 달리 남자는 **힘이 남아서 문제**지 근력이 모자라 스윙이 안 되는 경우는 별로 없다. 파리채를 들고 파리를 잡아보라고 하면 사람들은 모두 손목으로 파리채를 휘두른다. 하지만 야구배트를 손목으로 휘두르는 사람은 없다. 누가 가르쳐줘서 아는 게 아니라 본능적으로 안다. 무게가 무거우면 손목으로 휘둘러서 될 일도 아니고, 설혹 된다 하더라도 손목을 다칠 위험이 많다는 사실을 몸은 이미 알고 있다.

남자보다 여자가 골프를 배우기는 힘이 들어도 배우면 좋은 폼으로 치는 경우를 흔히 본다. 그것은 힘이 없어서다. 남자는 팔 힘만으로도 충분히 클럽을 휘두를 수 있고 게다가 손목 힘까지 더하면 상당한 거리를 날려보낼 수 있어 올바른 스윙을 배우기도 전에 필드로 달려갈 수 있다. 그것이 불행의 시작이 되는 줄도 <u>모르고.</u>

작은 근육으로 스윙의 기본을 만들어 놓으면 스윙의 결과가 변화무쌍하다. 전문적인 용어로 난을 친다고 한다. 작은 근육의 힘을 100퍼센트, 아니 120퍼센트 써서 보낼 거리를 큰 근육으로 치면 최대한 발휘할 수 있는 힘의 60퍼센트 내지 70퍼센트의 힘만 써도 보낼 수 있다. 어떤 쪽이 더 정확할까? 어떤 스윙을 선택할 것인가? 팔이나 손목을 중심으로 하는 스윙은 금방 배우고 익힐 수 있어도 쓸모 있는 스윙으로 만들기까지 엄청난 노력이 필요하다. 그리고 그러한 스윙을 유지 관리하려면 상당한 근력 관리가 필요하다.

몸으로 하는 스윙은 많은 근력을 필요로 하지 않는다. 현재의 힘을 효과적으로 쓸 수 있기만 하면 된다. 남자는 팔 굽혀 펴기 서른 번 정도의 근력이면 충분하다. **오히려 악력은 훈련이 필요하다**. 클럽은 가볍지만 임팩트 순간 원심력에 의한 무게가 드라이버의 경우 몇백 킬로를 넘는다고 한다. 손이 못 견딜 것이라고 뇌가 판단하면 그 이상의 스피드를 못 내도록 운동 지시를 내리는 게 우리 몸이다. 연습장이나 필드에서 미끄러져 클럽이 날아가는 경우는 있어도 사람이 클럽을 놓치는 경우는 잘 볼 수 없다. 타이거 우즈도 악력을 기르기 위해 가끔 신문지 구기기 놀이를 한단다.

힘은 배에서 나온다. 소위 뱃심이다. 동양의학으로 정확히 표현하자면 단전에서 모든 힘이 나온다. 그래서 **윗몸 일으키기**를 꾸준히 해야 한다. 그것도 서른 번 정도 할 수 있을 정도면 된다. 남자는 그다지 무리한 정도는 아니다. 하체 근력도 벽에 등을 일자로 붙이고 무릎을 90도로 유지한 채 60초 정도를 견디면 골프에 필요한 수준이라니 조금만 신경쓰면 유지하기가 어렵지 않다. 하지만 각각의 근력이 유지되고 있는지 수시로 체크하고 최소한의 상태가 아니라 훨씬 남아 도는 상태를 만들려고 노력하는 것이다.

3. 골프에 필요한 지구력

골프를 치는 사람이 흔히 간과하는 것이 지구력이다. 게리 플레이어는 18홀을 체력적으로 문제 없이 라운드하려면 남자의 경우 2.5킬로미터를 11분 내에 주파할 수 있어야 한다고 했다. 생각만큼 쉽지 않은 요구다. 이 정도를 유지하지 않으면 18홀을 채 돌기도 전에 체력에 문제가 발생하고 그 문제는 스코어에 영향을 미치게 될 것이다. **전반보다 후반에 성적이 나빠지는 사람은 테스트를 해볼 일이다**. 한두 번의 라운드로는 그 결과를 확인할 길이 없지만 여러 번을 놓고 보면 지구력 저하가 스코어에 미치는 영향을 확연히 느낄 수 있다.

스윙 연습을 많이 하지만 몸 상태가 그것을 뒷받침하지 못하면 소용이 없다. 스윙 연습은 몸 만들기와 병행해야 한다.

5+9 식생활

최근 미국에서는 잔인하게 도살한 고기를 기피하는 식당이 많아져 도축업계 전체가 변화하고 있다. 틱낫한 스님의 책 『화』에서는 화를 다스리는 가장 기본적인 방법으로 식습관의 변화를 이야기한다. 가능하면 육식을 피하고 먹더라도 불행하게 살다 간 고기는 먹지 않는 행복한 먹거리 찾기를 주장하고 있다. 유명한 골프선수들 중에 채식주의자가 많다. 운동을 하는데 고기를 먹어야지 무슨 소리냐고 할지 모르지만, 골프는 힘으로 하는 스포츠가 아니라 지구력으로 하는 스포츠여서 마음이 동물적으로 되면 안 된다. 식물적이 되어야 한다. 스님이 고기를 안 먹는 이유와 같다.

지구상의 운동 중에 골프만큼 오랜 시간 하는 운동이 있는가? 아마추어라도 5시간을 지속하고 프로는 적어도 3일간 계속 시합을 해야 한다. 그것도 마음의 영향이 지대한 운동을 장시간 실수 없이 하려면 고기를 먹어서는 안 된다. 육식을 하면 마음이 공격적으로 바뀔 뿐 아니라 급해지기 때문에 장시간을 버티는 지구력이 떨어진다. 육식 동물과 채식 동물의 성정을 보라. 육식 동물은 빠르고 공격적이다. 느긋하고 여유로운 초식 동물의 움직임을 생각해보라. 골프를 치는 사람의 몸놀림이 어떠해야 하는지 생각해 보면 답은 자명하다. 골프는 소가 하는 운동이지 호랑이나 사자가 하는 운동이 아니다.

힘이 넘쳐 오비가 나지 힘이 부쳐 오비가 나는 법은 없다. 마라톤 선수도 연습 기간에는 채식을 위주로 하고 시합에 앞서 육식을 한다. 시합을 앞둔 육식은 초반의 스퍼트를 위함이다. 그 힘도 초반 10킬로미터 정도 지나면 소진하고 만다. 나머지를 견디는 지구력은 채식에서 나온다. 지구력을 요하거나 집중력을 요하는 운동선수는 철저히 채식을 한다. 그래서 골퍼도 채식을 해야 한다.

스윙은 몸이 하는 일이고 몸은 식생활로 만들어진다.

음 식 에 들 어 있 는 화

우리가 먹는 음식은 화를 일으키는 데 매우 중요한 역할을 한다.
음식에 화가 들어 있는 경우가 많다.
가령 광우병에 걸린 소의 고기를 먹을 때 그 고기에 화가 들어 있다.
계란이나 닭고기에도 엄청난 양의 화가 들어 있을 수 있다.
그럴 때 우리는 화를 먹는 셈이며 따라서
그것을 먹고 난 다음에 그 화를 표현하게 된다.
그러므로 모든 음식을 잘 살펴 먹어야 한다.
(틱낫한 스님의 '화' 중에서)

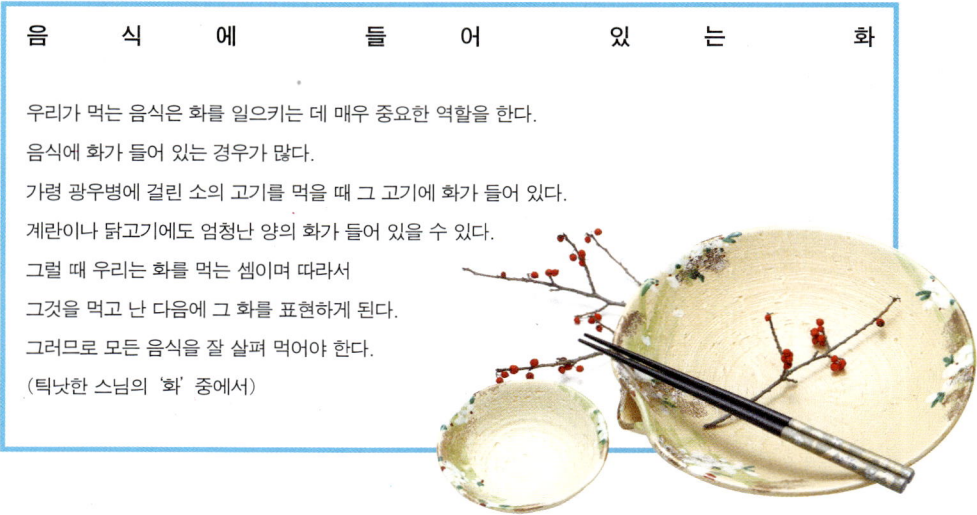

나가기

골프를 골프라 하면 이미 골프가 아니다. 이토록 어려운 골프를 잘 하기 위해서는 골프가 생활이 되고 생활이 골프가 되어야 한다. "그렇다면 골프를 위해서 모든 것을 포기해야 한다는 말이냐?"고 반문할지 모르겠다. 아니 오히려 골프를 잘 하기 위한 생활이 일상의 삶이나 생업에 활력을 불어넣고 윤택하게 만들어줄 것이다.

골프를 잘 하기 위한 생활이 생활의 부분적인 변화로는 좀처럼 가능하지 않기 때문이다. 생활의 균형을 깨고 골프에 몰입하는 사람은 결국 '한때 싱글'은 될지언정 '장기지속 싱글'은 절대로 될 수 없다. 균형을 잃은 생활이 가만히 내버려두지 않는다. 급하지 않지만 서서히 자신의 생활 수준에서 골프가 요구하는 삶의 변화를 이루어가는 사람이 결국 보기플레이어도 되고 싱글플레이어도 된다. 그리고 그렇게 이룬 실력만이 자신만의 고유한 것이며 오래 유지되고 지속된다.

몸과 생활의 균형을 깬 다이어트는 그 순간 체중을 줄여줄지 모르지만 결국 제자리로 되돌아가고야 만다. 생활 전체에 균형을 찾고 다이어트를 위한 생활로 재조직하지 않으면 살과의 전쟁은 결코 성공할 수 없다. 골프도 마찬가지다.

골프라는 틀 에서

벗어나라.

글을 맺으며

꿈

골프 관련 사업을 시작하면서부터 나는 이러한 연습장을 꿈꿔 왔다.

건물에 들어서면 깔끔한 체크인 카운터에 친절한 안내원이 있고 그 안내원에게 배정받은 타석에 들어서면 타석보다 먼저 스트레칭 룸이 모습을 드러낸다. 트레이너가 감시 아닌 감시를 하고 있어 게임에 앞서 필요한 기초 체력 훈련이나 몸을 유연하게 하기 위한 스트레칭을 하지 않고서는 타석 쪽으로 갈 수가 없다.

트레이너의 친절한 지도에 따라 30분 정도 충분히 몸을 풀고 마음의 긴장까지 해소한 후 조명이 밝게 켜진 타석으로 들어선다. 타석은 레슨 타석과 일반 연습 타석이 분리되어 있어 조용한 가운데 연습에 몰입할 수 있을 뿐 아니라 다른 연습장에 비해 타석과 타석의 간격이 넓어 몹시 쾌적하다. 시설이 고급이고 공간이 넓어 다른 연습장에 비해서 가격이 조금 더 비싼 게 흠이라면 흠이다.

150미터 거리의 드라이빙 레인지에 100미터까지 천연잔디와 성질이 비슷한 인조잔디가 완만한 경사로 깔려 있어 그곳에서 쇼트게임을 충분히 연습할 수 있고, 100미터 이후는 그물로 되어 있어 공이 잘 굴러 내려온다. 또 어느 타석에서든 방향이나 거리를 정확히 알 수 있도록 5미터 단위로 거리를 표시해 놓았다.

새벽라운드를 하는 사람이나 바쁜 비즈니스맨을 위해 24시간 영업하며, 마음이 편안해지도록 항상 잔잔한 음악이 흐른다. 너무 덥거나 춥지 않도록 적절한 온도를 유지하는 냉난방시설이 되어 있는 것은 말할 필요도 없고, 레슨을 담당하는 선생이 깔끔한 유니폼을 입고 밝은 미소와 활기찬 모습으로 고객을 대한다.

일 대 일의 레슨과 4인 1조의 그룹 레슨을 할 수 있는 레슨 룸도 별도로 갖추었다. 레슨 룸의 한쪽 벽면에는 레슨에 필요한 도구를 깔끔하게 비치해 놓았으며, 레슨은 시간 예약을 한 후에 받을 수 있다. 한편에서는 우리나라 골프의 미래를 책임질 주니어 선수들이 장학금을 받으며 열심히 연습하고, 다른 한편에서는 연습장의 엄격한 기준에 따라 선발한 프로선수들이 샷을 가다듬고 있다.

충분히 연습하고 나서 다시 스트레칭 룸으로 가면 트레이너가 반갑게 맞이한다. 트레이너는 고객이 마무리 운동을 하고 나가도록 자연스럽게 분위기를 이끌고, 트레이너의 안내에 따라 마무리 운동을 한 고객은 상쾌한 기분으로 연습장을 나간다.

이러한 시스템을 갖춘 연습장이라면 "그곳에 가면 골프가 잘 된다."는 소문이 날 수밖에 없을 것이다. 그러면 골프를 잘 치고 싶은, 골프를 잘 치는 고객이 다시 찾을 것이다. 이런 연습장에서 이상적인 연습 문화를 만드는 꿈. 나는 여전히 그런 꿈을 꾼다.

골프는 대단히 동양적인 스포츠이다. 골프를 다른 스포츠에 비교해 볼 때, 공을 가지고 한다는 측면에서 야구나 탁구와 비슷하다고 생각할지 모르지만 골프는 오히려 양궁에 가깝다. 멋지게 드라이버를 칠 때나 롱 아이언 샷을 힘차게 날릴 때의 모습을 보면 대단히 남성적인 스포츠인 듯하지만 홀 컵에 접근해 갈수록 섬세하고 차분해지는 여성적인 스포츠다. 그래서 다른 어떤 스포츠보다도 우리나라 사람들이 잘할 수 있는 스포츠다. 우리나라 여자 선수들이 미국 무대에서 계속 좋은 성적을 내는 것을 보면 잘 알 수 있다.

더 큰 꿈

지금의 수준을 넘어서는 꿈이다. 유명 선수들 몇 명이 광고 수입이나 챙겨 결국 외국 제품을 우리나라에 다시 강매하는 첨병이 되는 방식이 계속되어서는 안 된다. 작고 골프장도 별로 없는 나라에서 어쩌면 저렇게 훌륭한 선수들이 많이 배출될까. 그래, 뭔가 있을 거야. 그 '뭔가'를 만드는 꿈. 그 뭔가가 바로 문화다. 좋은 머리에, 갈고 닦은 손재주가 조상 대대로 이어지고, 양궁에서 이미 증명한 바 있는 뛰어난 공간지각 능력, 넘치는 열정, 탁월한 승부근성. 이렇게 좋은 조건을 갖추었다. 그런데 문화가 없다.

주니어 선수를 키울 때도 중학교에 들어가면서부터 공부를 등한시한 채 골프에만 매달려 스윙 머신을 키우는 식의 교육이 되어서는 안 된다. 골프협회도 단지 장삿속으로 프로를 선발하는 데만 연연할 것이 아니라 프로 관리를 보다 엄격하고 철저히 해서 무식하다는 소리를 듣지 않도록 해야 한다. 교사로서 지도자로서 대접받고 존경받을 수 있도록 해야 한다. 그러면 프로가 되기는 쉬워도 자격을 유지하기가 더욱 힘들어져 스스로 자기관리를 할 수밖에 없으니 프로의 자질이 저절로 향상될 것이다.

당장 수익성이 떨어진다는 이유로 프로에 대한 대접을 소홀히 하는 골프장이 많은데, 이는 제 살을 깎아먹기이고 황금알을 낳는 거위를 잡아 먹는 꼴이다. 골프에 대한 열정이 식어버린 일본을 보라. 열정과 붐이 사라져 인적이 끊어진 황량한 인프라가 무슨 소용일까? 프로는 우리나라 골프의 씨앗이다.

문화를 만드는 연습장, 문화를 만드는 골프장, 문화를 주도하는 협회가 되어야 한다. 문화는 산업이다. 골프 문화는 천문학적인 규모를 이룰 만한 산업이다. 반도체를 만드는 기술에 비하면 골프클럽을 만드는 기술은 기술도 아니다. 우리라면 최고의 옷, 최고의 클럽, 최고의 골프용품을 만들 수 있다. 단지 그것을 이끌어갈 문화가 없고 브랜드가 없을 뿐이다. 애니콜이 세계시장을 점령했듯이 엘로드가 세계 시장을 석권할 수 있다. 골프용품은 기술이 아니라 디자인이다. 나름의 문화가 없을 뿐이지 골프에 관한 한 우리는 이미 세계의 중심에 서 있다. 그것을 어떻게 문화산업으로 끌어올릴 수 있을까?

이 책은 골프 문화 만들기에 대한 나름대로의 입장 정리다. 스윙과 골프를 바로 이해하고 실천하고자 하는 사람들과 함께할 수 있는 발전적인 문제제기이기도 하다. 일제시대부터 시작된 잘못된 영어교육이 10년 동안 영어를 공부하고도 영어 한 마디 제대로 할 수 없는 문법영어 벙어리를 얼마나 양산했는가? 얼마나 큰 국가적 손실인가? 잘못된 교육철학과 교육제도와 교육문화가 가져온 가장 비극적인 표본 중 하나다. 골프 교육도 유사한 오류를 범하고 있다. 골프 교육 문화가 잘못되어 연습무용론 같은, 말도 안 되는 주장이 횡행하고 프로는 그것을 바로잡지 못하고 있다. 이 책은 잘못된 레슨을 해온 프로들의 반성문이다.

골프는 연습이 아니라 수련이다. 검도를 연습한다고 하지 않고 도장에 가서 수련한다고 하듯이. 태권도를 연습하는가? 아니다, 수련한다. 단순히 몸을 움직이는 것이 아니므로 당연히 수련이라고 말한다. 마찬가지로 골프도 당연히 연습이 아니라 수련이라고 해야 한다.

이 책을 읽은 후 골프로 인해 행복해졌다고 말하는 사람들이 많아졌으면 좋겠다. 골프가 삶을 행복하게 만들어주었다고 말할 수 있으면 좋겠다. 골프를 잘 하기 위한 노력이 결과적으로 생활을 풍요롭게 만들고, 그러한 골퍼들이 많아지는 것. 그것이 결국 골프 강국 대한민국의 골프 문화를 만들어가는 토양이 된다. 아직은 꿈이라는 것을 알고 있다. 그러나 소수의 골퍼만이 꾸는 꿈은 아닐 것이다. 더불어 함께 꿈꾸면 언젠가 현실이 된다. 그 꿈의 힘을 나는 믿는다.

골프에 도움이 되는 책들

골프에 관한 책은 크게 골프를 스윙 메커니즘 중심으로 설명하는 책과 그렇지 않은 책으로 분류할 수 있다. 우리가 서점에서 구할 수 있는 골프에 관한 책들은 대부분 스윙을 중심으로 골프를 설명한다. 골프가 서구에서 시작되었고 지금도 미국에 중심축을 두고 있기 때문에 어쩔 수 없는 일이지만 골프가 대단히 동양적인 스포츠라는 데 주목한다면 동양적인 혹은 한국적인 입장에서 골프를 이해하고 설명할 필요성과 가능성을 느끼게 된다.

미국의 골프이론은 서양의학과 마찬가지로 대증요법, 즉 눈에 보이는 가시적인 문제나 증상에 대해 즉각적으로 처방을 내리는 쪽으로 발전해 왔다. 머리가 아프면 진통제를 주고 열이 나면 해열제를 주는 것과 슬라이스가 나면 혹 그립을 잡게 하거나 혹 스탠스로 서게 하는 것이 동일한 사고 체계에 속한다고 이해할 수 있다. 문제에 대한 즉자적인 처방이 미국 골프이론의 핵심이다.

골프를 가르칠 때 슬라이스의 원인이 스윙 메커니즘 상의 잘못으로 보이기는 하지만 그것은 원인이 아니고 결과다. 좀더 근본적인 원인은 과도한 힘, 단순한 휘두르기를 방해하는 잘못된 마음가짐, 자신의 실력을 넘어서는 결과를 기대하는 탐욕스런 마음에 있다. 이는 기침을 많이 하는 이유가 체했기 때문이라거나 몸에 기력이 너무 떨어져서라고 해석하기도 하는 동양적인 몸의 이해와 병에 대한 해석, 처방에 맥이 닿아있다. 그리고 하나의 현상에 대한 해석과 대안 제시에서의 차이는 열이 나면 무조건 열을 내리고 본다는 서양의학과 머리에는 찬 수건을 올려놓지만 열이 더 나도록 돕는다는 동양의학의 차이만큼이나 크다.

지금부터 소개하는 책들은 이상과 같은 문제의식을 바탕으로 이 글을 정리하면서 참고한 책들이다. 골프에 대한 수입 이론이 아니라 동양적이면서도 한국적인 이론화 작업의 기초자료가 되기를 바란다.

퀀텀 골프
젤 인헤이거/ 진명출판사

지혜
피터 켈더/ 파라 시니어

스웨덴의 골프 교습가가 쓴 책이다. 1년에 4개월 정도밖에 골프를 할 수 없는 스웨덴에서 소렌스탐 같은 훌륭한 선수가 나올 수 있었던 까닭이 늘 궁금했는데 이 책을 보면서 골프의 본질을 바라보는 올바른 정신과 훌륭한 골프문화가 대선수를 육성했다는 사실을 다시 한번 확인했다. 스웨덴에는 프로스포츠가 없지만 많은 스포츠 분야에서 걸출한 선수를 육성하고 있다. 동호인 클럽을 중심으로 운영되는 각 분야의 스포츠는 해당 스포츠를 사랑하는 많은 아마추어들에게 뿌리를 두고 있다. 뿌리가 깊으니 본질에 다가서고 이해의 폭도 넓다. 아무리 어려운 이론도 정확히 이해하면 쉽게 설명할 수 있고 깊어지면 쉬워진다. 본질에 가닿으면 설명이 단순해진다. 그래서 이 책은 골프스윙에 대해 한 번도 언급하지 않지만 스윙을 즐겁게 해주고 연습을 행복하게 해준다. 골프의 본질을 다시 생각하게 해주는 작지만 큰 책이다.

아마추어 골퍼들뿐 아니라 프로들조차 스트레칭을 게을리 하는 것을 늘 지적해 왔는데 얇고 읽기 쉬운 책이면서도 풍성한 내용을 담고 있어 골프 스트레칭의 출발점으로 삼을 만하다. 몸이 부드러워야 거리도 나고 마음먹은 대로 스윙이 되는 법이다. 어린아이들이 쉽게 스윙을 익히는 것도 몸이 유연하기 때문이다. 이 책에서 이야기하는 스트레칭은 단순한 몸 풀기 이상이다. 몸의 병은 몸에 흐르는 우주의 기운이 막혀서 생기고 막힌 차크라를 풀어주는 여섯 가지 운동으로 영원한 삶을 열어갈 수 있다고 한다. 영원한 삶을 기대하지는 않더라도 섣부른 스윙 연습보다 스트레칭이 더 중요하다는 점을 이해하기에는 충분하다. 홍신자 씨가 번역해 호기심으로 읽어본 책인데, 번역도 훌륭하고 저자의 주장이 명쾌하면서도 실천하기 쉽다. 따라 해보니 효과도 즉각적이고 커서 많은 골퍼들에게 선물하고 있다.

닥터 골프 맨
랄프 맨/ 하우투골프

화
틱낫한/ 명진출판사

이 책의 저자는 올림픽 400미터 허들 은메달리스트이자 스포츠 분야의 과학자다. 모션캡처장비가 발달하지 않은 시절부터 프로선수의 동작을 일일이 사진으로 찍어가면서 훌륭한 스윙의 공통적인 요소를 발견하고자 애써왔다. 방대한 양의 사진 자료를 분석한 결과를 가지고 풀 스윙에 대한 이론을 정립해 놓았다. 풀 스윙에 관한 한 이보다 더 풍부하고 정확하게 정리한 책은 없다. 앞으로도 없을 것이다. 스윙메커니즘에 대한 고민과 생각이 사라지면 사라질수록 골프가 쉽고 재밌을 테지만, 그래도 궁금한 게 있다면 그 모든 문제에 대한 답을 이 책에서 찾을 수 있다. 어설프게 아는 것보다는 모르는 게 좋고, 알고자 한다면 확실히 알아야 한다. 동영상 자료(Screen saver)도 있어 책을 읽지 않고 영상을 보는 것만으로도 고민을 해결할 수 있다. 이미지 트레이닝용으로도 추천할 만한 자료다.

이미 베스트셀러의 반열에 오른 책이어서 내용을 소개할 필요는 없겠지만 한번 읽었다 하더라도 골프의 '화' 라는 관점에서 다시 한번 읽어보라고 권할 만한 책이다. 골프에서 화를 다스리는 문제는 본질적이다. 골프를 잘하게 될수록 비중이 더 커졌지 커졌지 작아질 수 없는 문제다. 우리나라 골프선수들은 대부분 긴 겨울 때문에 동남아시아로 전지훈련을 떠나는데, 그럴 게 아니라 해인사에 가서 스님들과 함께 용맹정진 3,000배를 올리든가 동안거에 참여하는 것이 더 효과적이라고 권하는 이유도 이 책을 읽어보면 잘 알 수 있다. 진정으로 골프를 잘 치고 싶은 사람이라면 틱낫한 스님이 화를 다스리는 방법으로 제시하는 식생활 개선과 보행수련, 호흡, 명상을 구체적으로 실천해 볼 일이다.

젠(禪) 골프

조셉 패런트/ 한문화

퍼팅 바이블, 숏 게임 바이블

데이브 펠츠/ 학원사

서구의 합리주의와 이성주의가 세계를 해석하는 데 한계를 보이면서 최근 젠 사상이 유행이라더니 드디어 골프에도 젠이 등장했구나 싶어 별다른 기대 없이 구입한 책이다. 그렇지만 기대 이상의 내용을 담고 있다. 우리가 우리 의학을 계승하고 발전시키는 작업을 게을리 해 미국에서 공부한 박사가 한의학을 강의하는 현실에서 느끼는 당혹스러움, 동양이 아니라 서양에서 불교학 자료를 찾는 것이 더 편하다는 이야기를 들었을 때의 상실감으로 이 책을 읽었다. 놀라울 정도로 풍부하고 세련되고 실천적이다. 미국 사람이 아무리 한국말을 잘 해도 부자연스러움이 느껴지고 일본에 가서 김치를 먹을 때 뭔가 빠진 듯한 느낌을 저버릴 수 없지만, 이만큼이라도 생각과 실천을 진전시켰다는 데 대한 부러움을 저버리기 힘들다.

숏 게임에 대한 책은 워낙 많아서 별도로 추천하고 싶지 않지만 이 책만큼은 프로나 아마추어를 불문하고 꼭 곁에 두고 궁금한 것이 있을 때는 쉽게 펼쳐볼 만한 거리에 둘 것을 권하고 싶다. 숏 게임 스윙은 풀 스윙과 다르다는 것을 방대한 실험을 통해서 밝히고 있다. 잡서나 해설서를 여러 권 보는 것보다 어렵더라도 원본을 한번 읽는 것이 좋은 것처럼 여러 권의 책을 보기보다는 숏게임과 퍼팅은 각 한 권의 책으로 교과서를 삼으면 된다. 일반적인 교습서들이 자신의 경험을 토대로 해서 이럴 것이다, 혹은 이러면 좋더라 라는 식의 서술을 하고 있지만 이 책은 실증적인 자료에 근거해서 의견이 아니라 사실을 단호한 어조로 자신감에 넘쳐서 얘기하고 있다. 저자가 미국 나사 출신의 과학자라는 것도 이 책에 대한 신뢰감을 높여주는 하나의 요소다.

기(氣) 골프로
싱글 되는 법
정기인/ 조선일보사

모든 샷에
집중하라
피아 닐손, 린 메리엇/ 루비박스 출판사

서구의 골프이론을 베끼거나 모자이크한 책이 아니라 순수하게 한국적이면서 동양적인 관점(氣)으로 골프를 설명하고 채우고 있다는 점에서 너무나 반가웠던 책이다. 골프에 대한 동양적인 해석과 이론화 작업, 교육 프로그램 만들기에 필요한 생각의 단초들이 이 책 속에 듬뿍 들어있다. 몇 가지 점에서 우리가 생각하는 방식과 다소 차이가 있지만, 그것은 실천적으로 레슨을 많이 해보지 않은 데서 비롯하는 차이에 불과하다. 방향이 옳으면 된다.

피아 닐손은 소랜스탐과 마찬가지로 스웨덴 출신이자 교녀의 스승이다. 우리가 이제까지 접해온 미국식 레슨과는 판이하게 다른 주장을 하고 있다.
이 책은 슬라이스가 어쩌니, 훅이 어쩌니, 그립이 어쩌니, 스텐스가 어쩌니 하는 스윙 메커니즘에 대한 얘기가 단 한 줄도 없다. 그렇지만 골프 스코어를 향상시키고, 골프를 즐기는데 필요한 얘기를 이 책보다 더 풍부하게 담고 있는 책을 찾기 힘들 만큼 내용이 풍성하다.
미국식 레슨과는 판이하게 다른 북유럽의 골프의 내공을 다시 한 번 실감하게 해주는 책이면서 위대한 선수를 키워내는 멋진 스승! 과연이구나 싶다. 2000년대 나온 골프 책 중에서 가장 권할 만한 책이다.

소렌스탐의 파워골프

아니카 소렌스탐/ 넥서스

그녀에게 골프는 무엇인가 하는 물음으로 책을 구입했다. 그다지 표준적인지도 않은 스윙으로 세계 최고의 골퍼가 된 소렌스탐의 성장과정과 골프에 대한 생각이 궁금했다. 스웨덴의 골프문화와 소렌스탐식 생각의 단편을 볼 수 있어 좋았다. 우리나라 골프가 어떻게 발전해 가야 할지 생각하게 하는 책이다. 소렌스탐은 스윙머신이 되려고 연습하지 않는다는 사실만은 분명하다. 매일 요가를 하고 태권도를 연습하고 명상을 한다. 미국 LPGA에 진출한 한국의 낭자들이 한때 좋은 성적을 내고도 그 실력을 오래 유지하지 못하고 쉽게 좌절하고 마는 원인도 이 책을 읽어보면 알 수 있다. 스윙의 결함이 아니라 골프에 접근하는 깊이가 문제다.

골프가 주는 9가지 삶의 교훈

마이크 린더/ 대한미디어

골프가 인생의 축소판이라는 이야기를 많이 한다. 그런 면에서 이 책은 골프의 지평을 우리의 일상으로까지 넓혀놓았다. 골프에서 우리가 무엇을 배울 수 있는가라는 물음이라기보다 골프를 치면서 이런 것들은 꼭 배워야 한다는 생각을 정리하고 있다. 골프에 대해 다양한 생각을 하면서 살지만 골프를 통해 이런 것도 깨달을 수 있구나 하는 감동을 자아내는 책이다.

메커닉 골프

황인승/ 대한교과서

뇌내혁명

하루야마 시게오/ 사람과 책

골프스윙에는 우리가 학교에서 배운 뉴턴의 물리학이 모두 들어있다. 골프에 담긴 물리학을 알기 쉽게 설명하고 있는 책이다. 스윙메커니즘에 대한 아무런 생각 없이 골프채를 휘두르는 것이 골프스윙의 궁극적인 목표다. 하지만 프로라면 골프스윙의 물리적인 원리를 이 책에서 제시하는 정도는 알고 있어야 한다. 프로는 드라이버로 250야드 이상을 안정적으로 보내려면 코킹이 잘 되어야 하고 레이트 히팅이 되어야 한다는 것을 물리적으로 설명할 수 있어야 한다. 아마추어들도 어느 정도 학구적인 사람이라면 참고할 만한 책이다.

골프는 몸이 하는 운동이다. 그렇지만 결국 운동은 뇌가 한다. 운동을 명령하는 것은 뇌고, 그 명령을 몸이 수행한다. 골프를 잘하려면 뇌를 잘 알아야 한다. 생각은 좌뇌가 하고 운동은 우뇌가 한다는 사실, 글쓰기는 우뇌가 하고 그 글을 정리하는 일은 좌뇌가 한다는 사실, 창조는 우뇌가 하고 관리는 좌뇌가 한다는 사실을 이 책은 알려주고 있다. 어떤 경우라도 긍정적인 사고가 몸과 마음을 건강하게 만든다는 점도 강조한다. 직접적으로 골프를 언급하지는 않지만 자신이 믿는 대로 골프가 이루어지고 인생도 그러하다는 것을 뇌의 구조와 기능을 토대로 설명하고 있다. 그럼에도 불구하고 이 책은 우리가 알고 있는 뇌는 극히 일부에 불과하다는 점을 강조한다. 그리고 아직 밝혀지지 않은 뇌의 신비로부터 도움을 받기 위해서라도 자신을 신뢰하고 사랑해야 한다는 것을 알려주고 있다.

풀들의 전략
이나가키 히데히로/ 출판사 오두막

살아있는 것은 다 행복하라
법정 잠언집/ 류시화 엮음
/ 조화로운 삶 출판사

골프는 풀 위에서 하는 운동이다.
무심결에 잊고 지나치거나 잔디가 처음부터 아무렇지도 않게 그냥 그 자리에 있던 것으로 이해하지만 실은 골프장에 깔린 잔디는 원래의 생태계와 처절한 전쟁을 치른 결과물이다. 잡초 생태학자인 저자의 잔잔한 얘기를 따라가다 보면 우리의 골프가 위대한 생명의 대지에서 이루어지고 있음을 절절히 느끼게 된다. 반성과 감사를 통해 골프의 지평을 넓혀주는 고마운 책이다.

'한 그루 청정한 나무처럼 겨울눈 속에서 꽃을 찾아가는 사람처럼……' 법정스님은 그렇게, 멀지만 아주 가까이 우리 곁에 계시다.
골퍼들에게 필요한 것은 레슨이 아니라 위로다. 욕심과 긴장으로, 경쟁심과 좌절감으로 가장 괴로운 것은 바로 자기 자신이다.
틈틈이 한 장 한 장 넘기다 보면 골프로 고통 받고 있는 자신을 위로하고 있는 또 다른 자신을 발견하게 된다. 그러다 보면 그토록 굽어가던 슬라이스도 좀 펴지고 거친 파도처럼 출렁이던 스코어도 어느새 안정된다.
골프 책이 아니면서 이토록 골프에 도움이 되는 책이 또 있을까?

프 레 임
최인철/ 21세기북스 출판사

서울대 심리학과 교수인 최인철님은 뭔가를 근원적으로 바꾸고 싶다면 전통적으로 가져왔던 구태의연한 프레임을 바꾸는 방법밖에는 없다는 것을 역설하고 있다.
이 책은 사람들이 세상을 보는 편견이나 선입관, 혹은 고정된 틀이 얼마나 많은 어처구니 없는 시행착오를 가져오는지 실증적으로 보여주면서 '세상을 보는 창'의 중요성을 설명하고 있다.
골프가 마음대로 안 된다면 혹시 골프를 내다보는 내 창을 닦아볼 일이고 프레임이 잘못된 건 아닌지 찬찬히 물어볼 일이다.

이 책에 나오는 골프 용어
(가나다순)

그립 골프클럽을 구성하는 손잡이 부분. 샤프트 위에 있으며 가죽이나 합성고무로 되어있다.

내추럴그립 야구배트를 쥐듯이 쥐는 그립의 한 방법이며, 열 손가락으로 그립. 일명 베이스볼 그립이라고도 한다.

다운스윙 골프클럽이 탑에서 내려와 공을 타격하기 직전까지의 구간을 의미함

드라이버 1번 우드 클럽. 먼 거리를 공격하기 위해 길고 타구면이 지상과 거의 직각이기 때문에 세심하게 다루어야 한다. 대개 파4홀 이상의 홀에서 제1타를 하는 데 사용함

디보트 공을 쳤을 때 잔디나 흙이 클럽헤드로 인해 패어 떨어진 곳을 말한다.

딤플 공 표면에 동그랗게 패인 것을 말한다. 공에 따라 딤플의 수나 크기, 늘어선 모양이 다르다. 딤플은 떠올리는 힘이나 방향성과 관계가 큼

러닝 어프로치 어프로치 샷의 한 종류이며 로프트가 작은 아이언으로 공을 굴려 홀에 접근시키는 것. 주로 그린 주변에서 행하는 기술 중 하나

롱 아이언 보통 1, 2, 3번 아이언 클럽을 말함

미들 아이언 아이언 4, 5, 6 번. 미디엄 아이언이라고도 함

백 스윙 샷을 위해 클럽을 뒤로 빼는 동작

벙커 웅덩이를 파고 흙이나 모래 등을 깔아놓은 장애물. 경우에 따라서는 잡초가 깔린 웅덩이도 이 범위에 속하며, 그라스 벙커라고 부름

보기 미국에서는 파보다 하나 더 친 타수로 홀인 하는 것을 말한다.

비거리 야구나 골프에서 공이 날아간 거리

쇼트 아이언 7, 8, 9번의 짧은 아이언 클럽의 총칭

쇼트게임 어프로치 단계부터 시작되는 경기 상황. 주로 쇼트 아이언 클럽을 잡고 진행함

스웨이 스윙을 할 때 몸 중심선이 좌우 또는 상하로 흐트러지는 몸놀림

스위트 스팟 클럽 페이스에서 볼을 스트라이크 하기에 완벽한 지점

스윙 공을 치기 위해 클럽을 휘두르는 일

스퀘어 스탠스 스탠스의 기본이 되는 세 가지 중 하나로 양쪽 발끝이 비구선과 평행이 되도록 발의 위치를 정하는 것

스탠스 목표로 공을 보내기 위해 정하는 발 위치

슬라이스 오른손잡이인 경우, 공이 비구선보다 오른쪽으로 곡선을 그리며 나가는 것. 왼쪽에서 오른쪽으로 사이드스핀(공이 옆으로 회전)이 걸려 오른쪽으로 휘어 나가기 때문이다.

싱글 경기에서 두 명이 라운드하는 것. 핸디캡이 9 이하인 사람을 가리키는 경우도 있다.

어드레스 플레이어가 공을 치기 위해 발을 위치에 정하고 클럽헤드를 지면에 놓아둔 상태. 보통 공에 클럽 페이스를 가까이 겨누는 것을 말함

언듈레이션 코스나 한 홀의 높낮이와 페어웨이의 굴곡을 말함

오버 래핑 가장 흔한 그립 방법으로, 오른쪽 새끼손가락이 왼쪽 둘째손가락과 맞물리게 하는 그립 방식. 영국의 바든(Bardon)이 고안해서 바든 그립이라고 한다.

와인드 야구에서 투수가 투구하는 예비 동작으로 팔을 들어올리는 것.

웨글 스윙 감각이나 스윙에 탄력을 붙이는 준비 동작. 테이크백을 하기 전에 손목만으로 클럽을 가볍게 흔들어 근육의 긴장을 푸는 효과가 있음

위크 그립 위크 그립은 그립을 쥐고 위에서 보았을 때 왼손 엄지손가락이 왼발 쪽으로 돌아간 그립. 그립을 쥘 때 악력이 제대로 전달되지 않아 위크 그립이라고 함

이븐파 스트로크 수가 같을 때 또는 승패가 서로 우열을 가리기 어려울 때를 말함. 이븐파라고 하면 파(72)와 같은 수인 것

익스플로전 샷 공이 벙커에 떨어졌을 때 모래와 함께 쳐서 그 압력으로 공을 모래와 함께 벙커에서 탈출시키는 샷

인터로킹 오른손 새끼손가락과 왼손 둘째 손가락을 겹쳐서 죄어 쥐는 그립 방식

임팩트 공이 클럽헤드에 닿는 순간에 전달되는 힘과 동작

입스 숏 퍼팅시 근육이 경직되며 급격한 동작을 하게 만드는 신경 장애

칩핑 샷 매우 짧고 낮게 그린으로 날아가는 샷

코킹 백 스윙 중에 손목이 엄지손가락 쪽으로 꺾이는 것을 말함

클럽페이스 실질적으로 공을 치는 타구면으로, 채의 종류에 따라 모양이 다양하다.

클럽헤드 클럽의 머리로, 타구면과 바닥을 포함하는 부분

티 티잉그라운드의 줄임말. 각 홀에서 제1타를 치는 장소 또는 공을 올려놓고 치는 좌대를 티라고 한다. 티잉그라운드는 흙을 높이 쌓고 그 위에 부드러운 잔디를 심어 평탄하다. 티에는 레귤러, 레이디스티, 백티 등이 있음

팔로우 공을 친 후 공 방향으로 손을 내밀어 그 탄력을 최대화하는 스윙 연속 동작의 마무리 단계

퍼팅 퍼트로 스트로크 하는 행위

페어웨이 티그라운드부터 그린에 이르는 잔디를 짧게 깎은 지역

페어웨이우드 클럽헤드가 만들어진 총칭. 우든클럽이라고도 하는데 생략해서 우드라고도 한다. 1번부터 8번까지 있다. 1번은 드라이버, 2번은 브래시, 3번은 스푼, 4번은 버피, 5번은 크리크 등으로 부르기도 한다.

풀 스윙 야구나 골프 따위에서 공을 멀리 보내기 위해 배트나 골프채를 길게 잡고 온 힘을 다해 힘껏 휘두르는 것

피니쉬 스윙을 마감하는 자세나 경기를 정상적으로 끝내는 것을 말함

피치 샷 어프로치를 위한 샷의 하나. 로프트가 큰 아이언으로 공에 역회전을 가해 목표 지점에 착지한 공이 거의 구르지 않고 정지하도록 하는 타법

핀 홀 위치를 알리는 막대기

해저드 정상적인 경기를 의도적으로 저지하기 위해 설치하거나 이용하는 코스의 일부분. 벙커나 연못, 개울 등을 포함한 장애물. 벙커 주변, 벙커 안의 풀이 자란 곳 등은 해저드로 규정하지 않음

헤드업 공을 친 후에도 머리가 공의 위치를 바라보지 못하고 들어올려지는 것.

훅 그립 훅 그립은 그립을 쥐고 위에서 보았을 때 왼손 엄지손가락이 오른발 쪽으로 많이 돌아간 그립. 그립을 단단히 잡아 힘을 내기 좋기 때문에 스트롱 그립이라고 함

OB(out of bounds) 코스 주변에 경기를 정상적으로 지속하지 못하는 구역. 말뚝이나 울타리로 경계를 구분함

마.음.골.프.학.교.

www.maumgolf.com

마음골프학교는

완전 초보자에서 프로에 이르기까지, 중학생에서 70어르신까지
다양한 사람들이 스윙을 배우는 것이 아니라 스윙을 넘어 골프를 배우고
골프를 바라보는 관점을 정리하는 학교입니다.

마음골프학교는

수없이 많은 시행착오를 통해 만들어진 교재와 교구를 가지고
8주에 걸친 체계적인 교육과정을 통해 설립된지 3년 만에
1000명에 가까운 졸업생을 배출한, 형식이 아닌 내용적인 면에서
국내 최대의 골프교육 공간입니다.

마음골프학교는

그 동안 전혀 대중적인 광고를 하지 않았습니다.
교육의 효과가 졸업생들의 입에서 입으로 전달되면서 엄마가 딸을 보내고
남편이 아내를, 대표가 직원을, 친구가 친구를 소개했습니다.
한 가족이 함께 수업을 듣기도 했고, 사위가 장인과 장모를 모시기도 했습니다.
초보자는 가장 적은 비용으로 가장 빠르게 골프를 익혔고
경력이 있는 사람은 골프가 편안해지면서 스코어의 향상을 경험했습니다.

마음골프학교는

단순한 골프의 배움뿐 아니라 일상적인 삶 속에서는 감히 상상도 할 수 없는
다양한 인적인 네트워크가 맺어지는 공간입니다. 맺어진 인간관계는
함께 수업을 듣고 졸업여행을 가는 다양한 행사들과
졸업 후 선 후배간의 다양한 이벤트들을 통해 기대 이상의 끈끈함으로 발전합니다.

논현동에 새롭게 교정을 마련한
마음골프학교는

보다 효과적이고 체계적인 골프교육을 위해
골프와 인문학의 만남을 통한 골프 지평의 확대를 위해
지금 이 순간에도 계속 진화하고 있습니다.